U0086689

時兆文化

寫給少女

那些十七歲前該懂的事

On Becoming A Woman : A Book for Teenage Girls

教導正確的性觀念
認識性別差異
清楚了解身體構造
用對話與故事
讓彼此溝通無障礙
身心靈零距離

謝理雅 醫學博士◎著 (Harold Shryock, M.D)

目錄

序言

　　青少年階段（Adolescence）泛指12至20歲的人生階段，介於兒童和成年之間的過渡期。由於身體和心理的急遽變化，青少年在思想和行為上有容易矛盾的特質，因而經常在混沌中探索，在掙扎中成長。憂鬱的慘綠少年，暴力的狂飆小子都是青少年的寫照，但它也是人生一個多采多姿、耀眼燦爛的時期。

　　此時期的孩子站在成人的門檻上，展望憧憬中的未來人生，心中充滿好奇、夢想、希望，但也有困惑、猶疑與害怕。他一生的命運操諸在自己手中，在這短短的幾年內，將要決定自己未來成為什麼樣的人。

　　謝理雅博士 (Harold Shryock, M.D.) 曾任美國加州著名的羅馬林達醫學院 (Loma Linda University) 教務長及醫科教授多年，學識、經驗都極為豐富，且著作等身，使許多青年男女得其指導，步上人生幸福之途。

　　本書中，作者以專業的角度，清楚且莊重地敘述出少年在體格方面的變化和照護方法，至於是關於性器官的發育及其神聖作用，都有明白詳盡的解說。甚至怎樣交友、維持友誼、正常的社交、處理金錢，以及怎樣過滿足愉快的信仰生活，作者也提供了寶貴的見解。

時兆出版社編輯部　謹識

妳對未來的人生作好準備了嗎？

妳開始計畫妳的青春期歲月了嗎？

關於生命的來源及人體的構造，妳是否曾請教過家
人或其他人？

1 燦爛耀眼的階段

for Teenage Girls

少年時期是人生最燦爛、光彩的階段。有些詩人讚美少女為含苞待放的花蕾，歌頌少男是剛出山頭的朝陽；這些都很可以表明人生在這個階段的生活是愉快、有前途的。

孩童時期雖然快樂，卻事事有所限制，所有經驗多半是他人所賦予的，這時妳的生活大多由父母、老師代為安排，在這個階段，妳必須接受基本教育，學習待人接物的道理。

現在到了少女時期，妳踏進了個性獨立的階段，妳可以做許多的決定，且有些決定很重要，關係到妳的將來及幸福。

從體質上來說，妳現在已從「小女孩」發育成一個「小女人」了；在精神上，現在妳的智力已豁然貫通，妳的人格已漸臻成熟。妳要怎樣善用這份新的資產決定將來一生成為什麼樣的人，全在於妳現在做出的抉擇。

妳現在是站在成人的門檻上展望未來。妳知道自己還要經歷許多有趣的經驗，同時也預料到未來人生責任的重大與挑戰。

到了二、三十歲，妳可能準備扮演當新娘、做妻子及媽媽等角色。這些經驗各有其美滿、愉快的地方，然可能因日常家務操勞，忙得沒有機會覺察到自己的夢想已經成為事實了。

到了中年，妳會更覺得忙碌，甚至覺得自己是環境的犧牲品。雖然在生活上仍有許多快樂、滿足之處，但到底是沉悶的色彩較多，如果和少女時期的活潑、燦爛相比，則是相差甚遠。

等到晚年，妳的注意力多半用在「回首往事」和「想起當年」上，這和妳在現今少女時期夢想未來的情形，恰巧完全相反。

新的生活開始

說起少女時期，這經驗就好像是穿上一件美麗質料的新衣一樣，美觀適體、歡喜異常。想像今後妳穿上這新衣參加各種場合，可能出盡風頭，便不禁喜上眉梢，手舞足蹈。

初著新衣，百倍小心，生怕有所傷損，走起路來，規行矩步，怕跌倒了會弄縐或撕壞它；吃飯時，處處耽心，怕食物弄髒它；坐下來寫紙條，也會留意怕讓墨水濺汙它。

少女時期正是如此，妳現在所過的是新的生活。那交託給妳的不但是妳的身體，也是妳的人格、品性。如果妳善於運用這些資產，將使妳一生受用無盡；如果妳不懂得小心運用，將身敗名裂，一失足成千古恨，今後一輩子如沉苦海，百悔莫及。

計畫好人生的路程

從某方面說來，妳的人生在這個階段好像早已有了標準。妳的將來好像是裝在一個包裹裡，送交給了少女時期的妳。妳要在還不知道將來到底歡喜這些與否之前，就做出人生各項重大的決定。妳沒有機會等待生活教導妳要怎樣善於應付之後，才做出這些重大的決定。妳必須在年輕時就計畫好人生的路程，且今後行走在其中。

幸好，在妳計畫如何運用個人的這些資源時，妳並非全然無助，或全憑自己盲目獨斷獨為。因為，妳在少女時期，智慧已發光，懂得慎思明辨；妳從父母、師友的忠告已得到相當的啟示；妳自己也有了敏銳的觀察力，可以預見運用這些個人資產後的前途如何。因此，妳能善用各種優點，避免招致失望、悲痛的陷坑。

　　當然，在妳的前途上有許多細節確實不是少女時期的妳所能預料到的。妳不曉得將來的家庭是一座大廈或是一間小屋；妳不曉得自己會有幾個孩子，更不知道他們是男是女；妳不曉得自己將嫁給何人，或居住在何方，是高原或海濱。

　　但是妳現在必須做這些重大的決定，決定妳將來是什麼樣的人。現在的妳已經可以決定將來是否當一個受過教育有高尚品格的人，或是一個對人生漠不關心的人。妳現在就可以決定要否發展忠貞的品格、要否堅定妳的宗教信仰、要否有一種善美的人生觀。在少女時期，妳可以培養各種優良的美德，如整潔，可以使妳儀表動人，使妳將來會料理一個雅緻的家庭。

　　妳在少女時期所建立起來的人生骨架必須配合未來的生活，妳未來人生中的各種機會，社交、物質等方面，都有賴於在少女時期為自己選定的品格而定。

　　妳在少女時期所建立的人格及品性，可決定妳將來要嫁什麼樣的丈夫，可決定在未來社交的範圍，決定妳的人生是單為自己的事業，抑或為服務人群社會。

少年時期態度大轉變

　　自從妳變成少女，妳對自己的態度有了很大的改變，對別人的態度也會有明顯的改變。妳不再當自己是一隻依人小鳥，妳明白自己有了個人的責任，要決定並管理自己未來的一切。

　　小時候不分男女，生活大多相同，彼此是青梅竹馬、兩小無猜，只是在生理上不同，在外觀上除了男短髮、穿長褲，女長髮、

穿裙子有顯著分別外，幾乎沒有什麼不一樣，男孩子和女孩子的聲音一樣高、體力差不多、興趣幾乎相同。雖然彼此會爭辯當男孩子好還是做女孩子好，女孩子滿意自己是女孩子，男孩子滿意自己是男孩子；女孩子喜歡玩娃娃，男孩子喜歡玩汽車。但在許多時候，男女還是愛玩在一起，蓋房子、打球及各項遊戲，大家都玩得很自然。但是一進入少年時期，少女對少男或少男對少女，態度開始有了大轉變。

身體有明顯的改變

這時，妳為什麼會改變對男孩子的態度呢？主要是妳的身體（或快或慢）有了明顯的改變，妳已由小女孩變成小女人了，身體有些改變很明顯，有些則隱而不露。

剛開始，妳也許會覺得大驚小怪，不曉得應當怎樣當小女人。妳覺得自己在男孩子面前好像很特別，有點不安，希望他們不要太注意妳。結果，妳選擇避開男孩子，很少和男孩子接近，妳差不多忘記了以前一起玩的男伴。

妳變成小女人了，除了外表身體上的發育外，還有體內生殖器官及腺體分泌的發育。這些發育，加上所經驗的態度改變，使妳從此不得不做出不同的想法。妳已丟棄了小孩子的把戲，認真關心起女人的福利，甚至開始夢想戀愛的事，以及怎樣建立自己的家庭。

對男孩子起好奇心

經過一段和男孩子絕緣的時期，妳可能很想知道這些日子來妳

的重大改變，以及以前一起玩的熟悉男孩子們的生理和心理上是否也有改變。現在，妳有了好奇心，想明白自身的變化，也想知道男孩子的變化。這種好奇心純屬天性，不足為怪。為了滿足妳的好奇心，我們會提供健全的答案，在接下來的幾章中逐步討論，希望能解開妳的疑惑。

　　將好奇心納入正軌，是一種寶貴的資產；如果出了正軌，容易生出大毛病，引起許多不健全的查究和試驗。關於生命來源的問題，本應問得正當清楚，尤其是向妳相信且明白人體構造的人請教，被請教者也應當將生命的真相坦白、正當的說明。

　　以前，人們對「性」的問題大多閃爍其詞，年輕人偶有談起，必被老人家扳起臉孔申斥一番。因此，年輕男女對兩性生理作用仍覺莫名其妙，問都不敢問，好像這個問題十分淫穢。迫不得已，退而自己推究查問，所獲得的資料卻是零星片段，既模糊又不一定正確，結果發生許多不健全、敗壞的害處。

　　作者雖然早已過了少年時期，也不是少女，但我有一個女兒，她剛度過少女時期，加上我在蒐集資料寫這類文章時也曾請教過好多位朋友，他們都是研究青少年問題的專家。我請他們提供不少有關少女時期的題材。

　　我誠心希望本書接下來討論的每章內容，能幫助大家明白妳們心裡想知道的事實，使妳們在少女時期能愉快的適應生活，奠定未來幸福美滿的人生基礎。我們所要寫的內容兼顧教育、興趣等方面，希望妳們會喜歡。

什麼叫「基因」？為何我們的性格、樣貌、思想、行動上會有些遺傳到父母或祖父母？

說明胚胎是如何成形的？臍帶在母體上又扮演什麼角色？

我們知道生命的來源，又知道母親經歷痛苦的生產過程，將新生命送到人間，那我們將來該有什麼行動表示？

2

妳從哪裡來？

for Teenage Girls

很多人喜歡用一些話來搪塞孩子所發問關於性的問題，有說小孩子是從垃圾桶撿來的、是由鶴鳥叼來的，或是從醫生的黑皮包裡搬出來的。當然，妳現在不會相信這些話的，我想妳現在對於性的問題已經知道不少了，也許妳是從書報雜誌獲得這方面的知識，也許妳的父母已經和妳談論過這件事，也許妳是自己從各方面觀察而明白了生命的來源。無論如何，我還是想寫這一章，向妳揭開事實真相，希望可以幫助妳解開心裡的疑問，同時矯正妳誤聽、誤信的一些誤解。

每個人都有父母

首先要明白的是，每個人都有父母，即使是孤兒，都有父母。

每個孩子在許多方面都和父母相像，如面貌像爸爸、性情像媽媽，或眼睛像媽媽、髮色像爸爸，或思想和行為都遺傳自父母，性格、外表像爺爺奶奶或外公外婆，這些都只能從父母的身上才能遺傳到妳身上。總之，在妳的性格、樣貌等遺傳上，妳的父母各占一半的關係。

父母的身體裡都各有一些分泌的腺體，會產生特別的生殖細胞，此種細胞能開始一個孩子的生命，所以也叫做「性細胞」。這種生殖細胞與植物的生殖細胞相似。孩子的生命就是由爸爸身上的一個生殖細胞（精子）和媽媽身上的一個生殖細胞（卵子）互相結合而成。單只有媽媽的卵子沒有爸爸的精子，是不行的；同樣的，只有爸爸的精子沒有媽媽的卵子，也是無法成功。因此，一個新生

命的開始，必須是爸爸身上的一個精子進入媽媽的體內與一個卵子結合，才可以開始發育。

　　每個生殖細胞（不論是爸爸或媽媽的），都含有許多極微細的質素，我們叫做「基因」（genes），又稱為「遺傳因子」。這些基因決定了孩子由父母遺傳來的各種質素。上帝有特別的設計，使父母的遺傳可以平等分配，也就是父母雙方各出一半的力量：媽媽一個細胞、爸爸一個細胞，結合後才可以產生一個新生命。這兩個生殖細胞的結合，我們叫做「受孕」。因此，將來孩子的各種質素便有一半像爸爸一半像媽媽；換句話說，一個孩子從遺傳得來的各種性格，爸爸和媽媽有同等的機會和關係。

　　在兩個生殖細胞結合時，基因便決定了父母所要遺傳給孩子的各種素質和特性。父母沒有選擇權，無法決定要把什麼特性遺傳給孩子，完全是出於當時兩個細胞結合的機會。孩子的眼色和髮色，都在這兩個生殖細胞結合時便已確定，同時也確定了孩子是男還是女。因為男女的性別，也是由兩個生殖細胞中的特種基因形成的。

性細胞分裂成胎兒

　　爸爸的精子進入母體後，與媽媽的卵子結合，兩者合一，創始新的生命。兩個細胞合一後，便開始發生明顯的變化。通常可於兩個小時至四個小時內生長到足以分裂為兩個類似的細胞。之後繼續不斷的分裂，由兩個細胞分裂為四個細胞，再由四個分裂成八個，又由八個分裂為十六個；這樣重複不已，不久便形成一團細胞，這團細胞很像桑葚，因此又叫做「桑葚胚(morula)」。

發育中的細胞，起初由周圍的液體得到養分，但是細胞團不久便自行附著於母體的子宮壁上（子宮在媽媽下腹部的骨盤腔裡），形成一種特殊的構造，從母體血液中吸收養分，輸送給正在發育中的胎兒。這種特殊的構造完全形成之時稱為胎盤或胞衣。

胚胎成形為桑甚胚後，第二階段的發育是細胞分化為不同形狀和大小的構造，開始成形一定的身體組織，整個細胞團於是略具人體的雛形，其中的一端看來好像即將變成頭部，不久，這小體上生出幾個小節或芽來，這些芽以後便長成手和腳。

同時這個小體的內部也發生明顯的變化，形成各臟腑。在五十天之內，那細胞便略具胎兒的形態，四肢臟腑均已依稀可辨。以後的懷孕期，只是胎兒繼續長大，各部器官日趨成熟而已。

受孕四、五週內，胎兒的身體已發育到比原來的細胞大一百萬倍。初生嬰兒的重量平均約比四十週前的細胞大十萬萬倍。嬰兒出生後，須經十五至二十年的生長才會比初生時重二十倍。

胎兒在長大的同時，自己也做了萬全的準備，使自己在母體裡能獲得營養。他長出臍帶及其附屬構造物，臍帶由胎兒腹壁的中心伸延到媽媽的子宮壁。臍帶含有血管，以便將養分、液體和氧氣等由母體輸送給胎兒。這些血管也將胎兒體內所產生的二氧化碳及其他廢物排除出去。因此，胎兒在母體的那段時間，無需飲食和呼吸，此等功能全由母體代勞。

由爸爸媽媽身上而來的生殖細胞，結合後在母體子宮內發育了九～十個月後，胎兒已完全成長，準備出世了。

想起一個新生命的奇妙存在與生長，便不能不感嘆造物主的精

工設計！祂使爸爸與媽媽合作，把生命留給了下一代；同時可以看出，父母應當盡力保養健康，才能傳給子女一份寶貴的遺產！父母教育、訓練新生兒女的責任，是何等的重大！

一個嬰孩的遺傳，雖說是在受孕時就已決定，可是在幼年時期受父母的管教，影響其畢生的人格也很深刻。我在此請求各位，應當留心調整妳們的生活及習慣，以便將來有當媽媽的特權時，妳們可以毫無愧憾的把最好的健康、最好的智力、最好的精神遺傳給兒女們。

妳誕生了

胎兒在母體內生活滿九～十個月後，便準備要出世為人了。在這九～十個月間，媽媽的子宮有彈性，也非常大，足以容納胎兒。子宮的四壁是由肌肉組成，到了生產日，亦即胎兒出世時，子宮壁的肌肉強力收縮，把子宮內的胎兒由產道擠壓出來。

產道就是媽媽陰戶及骨盆周圍的身體組織。在未生產時，它只是窄小的穴道，在媽媽的兩腿之間，上連子宮下部，當初爸爸體內的生殖細胞便是由此進入母體子宮內。到了生產時，這個陰戶便擴大，讓胎兒通過出世。

嬰兒一出世，照料媽媽的醫生或接生者會把嬰兒與胎盤相連的臍帶剪斷。在母體子宮內擔任供養胎兒的臍帶被剪斷後的根蒂，會乾縮脫落，在嬰兒的肚上留下一個窟疤，也就是我們所說的「肚臍」。嬰兒出生後，自有方法得到養分和呼吸，再也用不著臍帶了。

媽媽在生產的過程會很痛，這痛是由產道的肌肉擴張拉大和子宮壁的肌肉收縮壓迫所造成。

自然生產的過程雖然很痛，但媽媽很快就會忘記。一個健康的媽媽，對人生有健全的看法，知道自己已盡了重大的責任把新生命送到人間，她會感到極大的快樂。強烈的母愛和當媽媽的樂趣與滿足，會把她生產時的痛苦完全淹沒。

女孩子成為女人正常的發育期在什麼時候開始？
大約什麼時候會停止？

什麼時候會開始排卵？排卵之後幾天，子宮壁膜
為何會變成很厚很軟？它的形成在日後將提供什
麼作用？

每月變厚的子宮膜，約經四天的時間排淨，是一
種很正常很健康的生理作用，但在這段期間需要
做什麼樣的保潔動作？又該注意什麼？

3 女性的象徵

for Teenage Girls

女孩子在幼年時期，體格和男孩子差不多。臀部不比男孩高，肩胛不比男孩寬，肌肉力量和男孩子差不多一樣，胸部也很扁平，男女差別不大。

到了少女時期，有人從十歲開始，有人則始於從十三、十四歲，如花初放，出落得像個小女人。這段轉變期很明顯，因為她生長得很快。到了少女時期，女孩子在幾個月中就會長得很快，更像女人，臉不再像小孩子、聲音變高尖、臀部變寬闊、子宮因週期變化而出現月經、乳房發育，而腋下和性器官附近出現陰毛，皮膚由於皮下脂肪增厚變得滑嫩、豐腴圓滿，全身曲線玲瓏，秀美可愛，和男孩子完全相反了。

不錯，男女孩的生殖器官完全不同。女孩的這些器官使她日後可以成為媽媽。本章所要討論的，就是這些生殖器官。

女孩子在幼年時，這些生殖器官沒有什麼作用，只是具體而微的雛型，直到後來變成了女人，才會起重大的變化與作用。

從孩童轉變成青年的過渡階段，稱為青春期，女孩子一般在十～十四歲之間。通常，女孩子的青春期比男孩子來得早。

體格發育很快

人到了少年時期會有笨手笨腳的感覺。妳現在到了這個年紀，一定會注意到自己有好多次覺得顛顛倒倒，好像腳站不穩一樣。對這種笨拙的動作，妳用不著耽心，那是有理由的。原來，妳的手腳現在已經長得很快，比妳幾個月前更長，妳的筋骨增加了很多，妳

的動作比以前更有力。在妳未習慣這些新的距離與力量之前，妳的手腳和動作很難協調。等到經過這個階段後，妳明白了自己的手腳有多長，自己的力量有多大，以後妳的舉動又會很順暢了。

也許妳對現在臉上已長出很多粉刺（又稱面皰），極感苦惱及憤怒吧！差不多每個男女到了少年時期都會遇到這個難題。臉上一粒一粒小疹，雖然沒什麼痛苦，但嫌不美觀。也許家裡的人已注意到妳有這個難題，他們已給妳許多忠告，如建議妳少吃甜食、經常洗淨皮膚等。不錯，這些對於粉刺的出現，多少應負一部分的責任；然而更深一層的原因，是妳皮膚裡的小小分泌腺，現在增加了作用，刺激妳發育成一個小女人。這些過分活動的腺體，分泌物送到皮膚表面時，有些小管被阻塞了，便生出一粒一粒的小疹瘡，也就是粉刺。這些粉刺並不礙事，用不著耽心憂慮，過些時候，這個難題便會自然的解決，正如少年時期的其他許多難題，到了時候都會自動矯正過來一樣。

卵巢的發育與作用

在這個由「小女孩」轉變為「小女人」的過渡時期，妳的各種變化都是由卵巢的發育來決定。卵巢有兩個，一左一右，在妳下部腹腔中子宮的兩邊。它們是卵型的小小分泌器官，厚半吋，寬四分之三吋，長一吋半。在幼年時期，它們還毫無作用，直到初入少女時期，它們就開始活躍了。卵巢的作用有二：

一、是分泌黃體素與雌激素，輸送到全身，使起多種變化，正如前面提過的。這些激素會刺激全身發育，顯明妳已進入了少女時

期，使妳的外型更像女人；也刺激妳的生殖器官，如子宮及乳房等發育成長。即使妳已發育成為女人後，兩個卵巢還會繼續分泌，來調整妳各部生殖器官的作用。

也許妳會問：「到底是什麼東西使這兩個卵巢在適當的時間（約十一至十四歲）開始作用，產生這些激素呢？」這個問題很難得到圓滿的答案。根據現代醫學研究得知，在人體內有很多種的內分泌腺體，其中有一種位於靠近頭顱中央，叫做「腦下垂體腺」，負責管制卵巢分泌腺。女孩子到了發育時，腦下垂體腺便給卵巢發出信號，讓它及時發生作用。我曉得這個答案並不完全，因為妳可能再追問下去，「到底是什麼使這腦下垂體腺發信號給卵巢呢？」這就真的把我們難倒了，現在科學家還沒有研究出來，因此大家只能歸功於造物主的奇妙安排，這些現象的及時出現，是由上天所制定的自然律負其全責。

二、是產生卵子（即生殖細胞）。這是產生一個新生命的一部分開始。我們曾提過一個新生命是由爸爸的一個生殖細胞（精子）和媽媽的一個生殖細胞（卵子）相結合而成。有父無母不能產生新生命，有母無父也是一樣。所以卵巢的發育與產生卵子，對人類的傳宗接代有重大的貢獻。

在幼年時期，卵巢不會產生卵子，到了少女時期，每個月便開始生產一個卵子。通常是左右卵巢每個月輪流產卵，有時其中一個卵巢生病被開刀取出，剩下的一個卵巢便須負起雙重的責任，每個月都會生產一個卵子。

我們說小女孩到了少女時期便成為女人，意思是說，她此後已

有當媽媽的可能了。這種可能性是因為她的卵巢從此可以排卵了。
女人的卵巢除了懷孕期暫停排卵外，正常的女性每個月都會產生一
個卵，直到四十五～五十五歲才停止，也就是所謂的停經，從此便
很少有受孕的可能，因此我們也可以說，一個女人從少女時期的初
經起到停經之前的這段時間，是她的育齡期，之後是接近停經的更
年期。

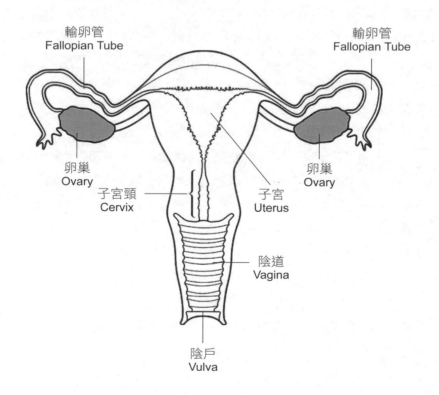

子宮的作用

關於女人的生殖器官，我們第二步要注意的是子宮。子宮是一個空腔的器官，其壁甚厚，位於身體中段，下部腹腔中，形狀如梨，大的一頭在上，小的一頭在下，伸入陰戶而開口。在子宮上端較大之處的左右，各有一條細長的管子，叫做輸卵管，與卵巢相連，卵巢每個月所產的卵，就是由此輸卵管送到子宮腔中。

子宮的作用是保護及供給營養給胎兒。一旦男人的生殖細胞與女人的生殖細胞結合，便成了有新生命的胎兒。胎兒出世之前在子宮中生長九～十個月。子宮壁可以伸張擴大很多，致能容納日見長大的胎兒。

子宮不但保護胎兒的生長，用羊水來包圍，讓胎兒免受傷害，而且也負責胎兒的營養。胎兒許多幼嫩的身體組織都在此時長得很快，需要豐富的營養。胎兒在子宮內用臍帶由胎盤吸收營養，但在臍帶尚未形成之前，早期幼小的胎兒是由與子宮壁接觸，吸收營養。因此，造物主已安排好子宮壁膜有豐富的營養物質，供給胎兒初期發育所需。

正如同卵巢每個月產生一個卵一樣，子宮的壁膜也是每個月一次儲積營養物質，以供一旦受孕後營養幼嫩的胎兒。因此，每個月在女人產卵之後的幾天，子宮壁膜會變得很厚很軟，充滿了營養物質。

月經是什麼？

父母結婚後，爸爸的生殖細胞（精子）便有機會進入媽媽的子宮裡與媽媽的生殖細胞（卵子）相結合成孕。如果沒有受孕，那些

每個月變厚的子宮膜，因無需營養胎兒，也就沒什麼用處，後來破裂成小小的碎片，由陰戶排出體外，約四～七天才會排淨。子宮壁膜碎片含血甚多，這種每個月經由陰戶排洩子宮壁膜的作用，我們稱為「月經」。

月經是一種很正常、很健康的生理作用，那只是說明這一個月沒有受孕，那儲備未用變厚的子宮壁膜破碎排出體外，以便重新儲備新鮮營養物質，以應下一個月產生新卵子可能受孕時所需。

有人在排經時會有點痛，少女比年長的女人較多。這種痛的原因有二：一、由於子宮壁收縮，將破碎的壁膜壓迫出體外，這種收縮稱為痙攣。二、子宮口及陰戶的身體組織伸張，以便碎片可以排出體外。

女人在月經期間，應當採用衛生棉，保持身體清潔，以免染病及出醜。

女人在月經期間

一個年輕女人在月經期的三、四天內，不如平常活潑，也不像往日樂觀，有點消沉，易受刺激。這是每個健康女人月經期的正常現象，用不著驚訝憂心。

一個年輕女人在月經期中應避免各種緊張和激烈的活動，如打球，也要避免游泳。對日常作息仍可照常進行，以免養成不良習慣，造成每個月的這時候老是生病，以致惹人注意。

一個健康正常的女人，從少女時期到停經為止，除了受孕期停止排經外，每個月都會很規則的來經一次。不過，有時也有些意外

會使經期不準，如患有嚴重的慢性疾病，或是突然改變氣候環境，水土不服，引發極端的憂慮，也會造成月經不規則。

　　現在妳已明白了自己身體的各種作用，我想妳會更感嘆造物主的奇妙安排，祂愛護人類的生存，使人生活快樂幸福。妳應當留意保養自己的身體健康及其正常作用，這不但對妳的健康有關，也是與未來人類的健康幸福有關！如詩人所說的，妳的受造是「何等奇妙可畏！」妳應當善自珍重身體，管理上帝的精工巧作。

少男與少女在性徵上有哪些分別？

遺精是男子正常的生理作用，它的作用為何？

男孩子較易動情產生肉體反應，所以相處時應如何避免哪些親暱行為？

4 男孩子的祕密

少男與少女除了外表的分別外，還有很多根本上的分別。在外表上說來，少女的特徵是有女性的曲線、軟嫩的皮膚、寬大的臀部；少男的特徵是器宇軒昂，肩膀寬闊、臉長鬍鬚。在思想方面，少女心思細膩，常想到家庭事務，待人接物也較文雅；少男則露出鬚眉氣概，動作粗獷，常有向外發展的傾向。

女孩是未來的妻子及媽媽，男孩則是日後的丈夫及爸爸。前章提過，女孩子的生殖器官擔任生產卵子，以及在懷孕期保護、營養胎兒的作用。男孩子的生殖器官對維護胎兒的職務無法勞效，只是生產精子，在婚後送進妻子的陰戶中而已。男性的精子經移入陰戶，便紛紛游入子宮腔而上溯到輸卵管，如果適逢排卵，那個搶得冠軍的精子便與卵子結合，一個新生命也就從此誕生了。

睪丸的作用

在男性身體上有一種產生精子的器官，叫做「睪丸」。正如女性的卵巢有兩種作用一樣，睪丸也有兩種作用：產生精子和分泌雄性激素，流經全身，維持男性的鬚眉氣概及特徵。

男性的睪丸有兩粒，左右平衡藏在小小的陰囊中，吊掛在體外兩大腿之間。睪丸在肉厚的陰囊中，可以自由活動，可免受傷害。睪丸有很多精細的神經纖維，如果略受壓迫或撞擊，立即會發出痛的警報。也許妳已注意到，在遊戲時，男性如果下腹部受到傷害，不管多麼輕微也會立刻忍受不住，只好停止遊戲幾分鐘，就是這個緣故。

在陰囊之前有一條「陰莖」（亦稱陽具），是與女性生殖器官完全不同的東西。其形如指，平時是鬆鬆的掛在陰囊之前。在陰莖內有一條管子，叫做「輸尿管」，上接膀胱，下通陰莖末端，尿液即由膀胱經過此管排出體外。男女生殖器官的作用尚有一個有趣的不同點：女性是每個月產生卵子一次；男性則幾乎不斷的產生極大數量（幾億）的精子。

在陰囊中有兩條微細的管子，叫做「輸精管」，分列左右，把睪丸產生的精子由陰囊輸送到膀胱下的一個小囊中，這囊叫做「精囊」，精囊的作用就如蓄水池一樣，把睪丸所產生的幾億精子都儲藏在此。精囊的薄膜會分泌一種很黏的液體，叫做「精液」，精子便游生在其中。

精囊與膀胱底部的輸尿管相連，當精液離開精囊後，從此管通到陰莖尖端而出體外。因此，男性的輸尿管兼營兩種作用：排除膀胱中的尿液和洩出精囊中的精液。自然主宰也有了一種巧妙的安排，預備了一種好像活瓣的機械，使排精、排尿不能同時進行。

遺精是正常的生理反應

女人在少女時期開始產生卵子和排經，這並不是說她此時就可以當媽媽了，只是準備罷了！男人在少男時期也會開始產生精子，以為日後當爸爸做準備。在這幾年的時間，足以使一個青年趨於成長。因為在少男時期縱使在生殖器官方面已臻成熟，可是在人格等各方面仍需發展，才夠資格當人夫、人父。

自然主宰已有了奇妙的安排，使青年男子在未當人夫之前如何

處理其精液。當精囊儲滿精液後，會自動宣洩出來，這種作用稱為「遺精」（亦稱夢遺）。

　　一個健康男子大約每週一次在夜間睡覺時，把積藏的精液由陰莖遺洩到體外，沾染在內褲或被單上，遺跡看來雖不大，其中所含的精子卻有幾億之多。

　　這是自然主宰的安排，使青年男子在未婚之前可以解決其過剩的精液。到了結婚後，自然又有一種安排，使營洩精作用，那就是男性的生殖器官會因愛情的衝動，使陰莖「勃起」脹大變堅硬，足以將精液傳入妻子的陰戶內。

　　使陰莖勃起的神經非常精細、敏感，不但是在夫婦肉體接觸時，會使陰莖勃起，當一個男子注意男女之間的事時也會動情勃起。當然，這些勃起自有不同程度，只有在勃起到完全時才會洩精。普通男子的遺精，或是夫婦正常性生活的洩精，便是如此，至於不完全的勃起，一般青年男子很容易發生。閱讀色情書報及圖書、談論男女情色故事，都會引起陰莖自動勃起，尤其是和心愛的女友約會，很親暱、四周無人時，最易有此情不自禁的情形。

男生比女生易動情

　　現在，妳可以明白男生對女生的吸引力，很容易因動情而起肉體上的反應，比女生對男生的反應尤甚。進一步的說，男生的性衝動而勃起，也是一種樂趣，但若任由情欲之火燃燒起來，不善約制及檢點，勢將越來越親暱，終至不顧道德，不辨是非而無法自持，到了不可收拾的地步。

講到這裡，妳會更明白一個女性青年是負有何等重大的責任！在她和男性青年接觸時，應當何等小心，避免親暱的談話、態度及穿性感的衣服，免得男子因而動情。在約會談情時，尤其不可坐在男子的膝蓋上，至於摟抱及親嘴，就更應當盡力避免，藉以防範各種越禮的舉動。

　　也許妳會問，為什麼女性青年應比青年男子多負這種責任呢？從道德責任上來說，男性青年若是放縱情欲與女人發生不可告人的關係，他的錯處也是一樣的重大，不能因為自己是男性比女人容易衝動而自我原諒，或是減輕罪名。事實上，女子既然比男子動情得慢，因此更易於約制自己，這樣便有了較大的責任，在與異性交往上，應當小心維持正當的標準，免得容易挑動男子的情欲。

　　情欲衝動是很強烈的，若非及時預防，往往叫人不顧是非利害及道義，真所謂「色膽包天」，乾柴烈火，什麼也做得出，終至身敗名裂，一失足成千古恨，後悔已晚！因此，青年男女在交往上尤應留心，常存正當的心思，不偏邪、不越禮，避免不良的環境，守身如玉、自愛愛人，尤其是女子較冷靜，在這方面應多發揮臨危不亂的作用才好。

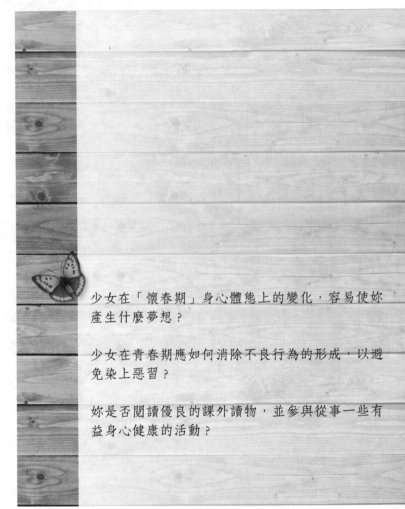

少女在「懷春期」身心體態上的變化，容易使妳
產生什麼夢想？

少女在青春期應如何消除不良行為的形成，以避
免染上惡習？

妳是否閱讀優良的課外讀物，並參與從事一些有
益身心健康的活動？

5 自慰與自愛

for Teenage Girls

現在妳到了少女時期，在身心體態各方面都有了與幾個月前大不相同的情形出現，真叫妳又驚又喜，因為妳不但體格長得更高大，出落得一個標準女人型態，同時也在態度、興趣及感情上都有了新的變動。

少女時期喜歡夢想將來的事，想到將來要嫁給什麼樣的人、想到怎樣組織自己的家庭、想到自己是賢妻良母的責任等。有時在媽媽出門時，會動手煮一餐好飯給爸爸吃，並且情不由己的夢想未來而自言自語：「將來我有了自己的家庭時，我的生活就是這樣。」

平常會變得很注意自己，這種注意是由月經的作用及意義而起。但除了對月經好奇外，她總想知道自己更多的事。她覺得身體生殖器官的發育，使自己有了某些新的衝動。這些衝動很奇妙，自己不能完全明白，只覺得很愛慕男人，正如「少女懷春」的情形。

女人的生殖器官多半藏在體內，但也有些連帶在體外。在恥骨下的兩腿之間有兩片多肉的大陰唇，一左一右，中成源洞，稱為陰戶。這個好像地道的陰戶，其稍上一部分有一尿道，管通膀胱，尿液由此排出；至其稍下一部分則有一陰道，是一條向後又向上較大的管，通到子宮。丈夫的陰莖就是插進陰道中，把精子送到妻子的體內。陰道會在生產時擴張到足以容納嬰兒出生。在兩片陰唇之間，稍靠上方（近乎恥骨之處），有一個小小的隆突物，像海棉的組織，叫做陰核，陰核充滿精細的神經纖維，反應極敏感。

看重生殖器官

創造主對女人的生殖器官有非常巧妙的安排，使陰核、陰道非

常敏感，稍微一接觸便起激動反應。這個原因很顯明，叫女人在與丈夫性交時有此身全屬夫子的快感。可是有些少女會因不健全的好奇心驅使，或是有不良女友的榜樣，也會惹上一種惡習，自己玩弄這部分精細的器官，以起快感反應，這就是所謂的「手淫」。

手淫的習慣，會使一個年輕女人對自己的生殖器官不看重，使她只想到肉體情欲一時之快，而不重視這些器官所負的神聖重大的使命。這種貪圖一時情欲之快的刺激，在神經精力方面所付出的代價很大，會把所積聚的神經精力消耗殆盡。因此，一個少女應盡量避免手淫，以免消耗生命精力，使自己變得疲憊憔悴、沒精打采、消沉。

一個少女染上了手淫惡習，容易消磨力爭上進、圖取成功的志氣。由於精力消耗多，對一切有可作為的事也因力不從心而沒有興趣。繼續放縱此種惡習，便把儲藏的精力減低到平常生活上應有的精力以下，以致面黃肌瘦、精疲力盡，凡是正常健康女子力所能行的成就，她都無法應付，對人生高尚的事業也不感到興趣，變成了手淫惡習的奴隸，放蕩情欲的犧牲品。

一個少女不幸染上手淫的惡習，便會沒精打采，長感疲倦，由於無力保持清醒活潑的精神，所以在態度上也就顯現出懶散怠惰，對讀書研究不感興趣，精神方面的發育也會遲鈍而有缺憾。凡事避難就易，怯懦不前。人要有豐富的精力才會清醒活潑，積極接受人生的挑戰，並維持身體各部位組織的健康。我們身上的各組織都有神經管理著，由其激發而起動作，正如電動器具接上了電流便起功用一樣。因此，人的神經精力若是藏量低少，全身便受其苦，各種

身體組織失去正常抗病之力，疾病因而易於侵入，時時容易傷風感冒，形容憔悴，缺乏健康人所應有的蓬勃精力。

一個少女若是染上了手淫惡習，還有一種悲慘的惡果，那就是在心理會蒙上一層慚愧的暗影，因恐遭人不齒，生怕被人發覺，多方設法掩飾，這種提心吊膽的祕密與焦慮，剝奪了她人生的樂趣，心神不寧，多愁善感，整天自覺有病。

消除各項不良因素

避免手淫惡習最重要的因素，就是禁止閱讀色情書報及談話淫邪的胡思亂想。一個少女如果放縱這類的思想，容易增加刺激生殖器官，容易以手淫來解決自己的衝動。

一個少女的性格發展在可喜可羨的事情上，興趣就會向外過於向內，會注意別人過於注意自己，認為自己應多幫助別人，過於自艾自憐，力圖博取別人的同情與慰藉。一個少女如果整天孤居獨處，是不正常且不健全。最好能和父母、兄弟姊妹及賢師益友們一起生活，不要自己單獨在一處。每個女孩應當盡可能成為爸爸的密友和媽媽的心腹，這種友好親信的態度，使她不至於自私自憐，及大大消除陷入惡習的機會。

正常的少女都有社交的傾向。在這一段人生中她喜歡有些家人以外的友情，發展友誼及交友並非不好，她與同年齡的少男少女交友很正常，不過，在擇友上不能不慎重。孔子說：「無友不如己者。」意思就是說，要以道德品行做為擇友的標準，不能和道德品行不如自己的人為友。我們所選擇的朋友在品行、學問上有高尚的

標準，這樣才會彼此勉勵向上，猶如蓬生麻中不扶自直。交到好朋友，可以激勵妳的人格健全均衡的發展，並消除妳過分注意自己的危險。

注意社交康樂活動

一個少女應當盡力避免極端的怠惰及過分的活動。在這兩個極端中，若是拿來比較，則寧可活動過多，而不可怠惰。因為在此時期，她的體力及精神都很健旺，是她發展身心的最佳機會。她既不能把全部時間花在讀書、工作上，因此便將餘暇的光陰用在社交康樂活動上，這比怠惰閒懶要好得多。

應當制定有規律的體力活動計畫，藉以解除緊張的情緒和發洩過剩的精力。正常有規則的體力活動，可使少女晚間酣然入睡，補充精力，以供次日活動所用。這種酣然入睡的休息，可避免患上手淫等惡習的機會。然而只有體力活動，仍不能建立均衡的個性。最理想的是身心兼顧，使精神與肉體一起發展。

優良的課外讀物及節制飲食

想在精神及智力方面有正當的發展，對閱讀方面便不得不加以注意。一個少女在校讀書固然很好，但在放假或課餘之暇，也應當閱讀優良的課外讀物，以保持精神及智力有正常的進步。

此外，在飲食方面也有很大的影響。各種香料濃烈的食品及以肉食為主的蛋白質，很會刺激人的情欲。凡欲避免那破壞品格及健康的惡習的人，尤應禁止不正常的食欲，以免易起衝動。一個少女

需要健康的食物，應付各項身體組織的需要，維持健旺的體力，以從事各種活動。她應當管理自己的食欲，不要放縱或成為食欲的奴隸。

　　青年男女的基督徒們可以從信仰上獲得莫大的助力，戒除邪情惡欲，建設健全人格。《聖經》上說我們的身體乃是創造主的精心傑作，好像一座聖殿。我們應當祈求天父賜予能力，幫助我們克服情欲，解決個人的難題。我們不能妄想上帝會替我們清除一切試探及情欲，但我們可以抱著積極合作的態度，求上帝幫助我們有力勝過各種情欲試探。有了堅定的信仰及熱心合作，便不難在德、智、體三方面有健全的發育，建立真善美的人格。

什麼叫「同性戀」？如何改變「同性戀」傾向？

為避免陷於同性戀當中，妳該如何預防？

同性戀會有哪些反常的行為和舉動呢？

6 當心同性戀

for Teenage Girls

在人間常有一些很奇怪的情形發生，如同性之間的戀愛。一個男人愛上另一個男人，或是一個女人愛上另一個女人。同性戀的人，日夜形影不離，兩人儼然過著「夫妻」生活。但是，一旦其中有人起了改變，想和異性結婚，另一人便醋性大發，憤火中燒，甚至做出自殺、殺人的慘劇。這種反常的情形，我們從報章上常有所聞。尤其是女孩子們，對此事深有戒心，往往談之色變。因此我們對這個議題實有一談的必要。

在一般人看來，同性戀愛很神祕，許多人知而不詳。他們聽過許多古怪的故事中，常常提到這回事，卻不知它們是否真確可信。因此腦子裡對同性戀一事深感莫名，因此在這種神祕奇妙的氣氛中，便罩上一層相當恐慌的成分。

有一次，我妻子和我去參觀一間女生宿舍。據宿舍主任說，有人謠傳在住宿女生中有兩人是同性戀，如膠如漆，形影不離。在謠言傳開後，每個人都很恐慌，很擔心。這個謠言是否真實，我不知道，但由於這個謠言而引起的恐慌和騷亂，卻是實實在在，讓宿舍主任費了許多心思來證明沒有此事，才說服了大家。

我熟悉另一個女生宿舍的情形。與宿舍鄰近的鄉村有一個婦人，她對一位住宿女學生竟起了非常愛慕之心。兩人的友誼發展到了一個地步，婦人寄許多情書給女學生，有人勸導女學生，應留心避免這種不健全的友誼，女學生便暗示婦人應當停止這種舉動。可是那婦人十分火熱，不顧女學生的暗示，繼續愛戀著她。宿舍主任只好採取行動，禁止那婦人再來宿舍探望這位女學生。雖然這樣，

那婦人還是不死心，竟說她到校園邊界的牆邊和該女學生私敘，正如一對情人約會一樣。

謹慎交友，潔身自愛

同性戀的事儘管難以根絕，而且有許多無辜清白的人因為交上了不健全的朋友而受累，然而妳卻可以潔身自愛不必陷入此種不幸。本章就是要向妳說明此事，使妳知道如何設法預防，以免身陷此害。

有同性戀傾向的人，多半是生活較不美滿的人。如果這等人的性格有正常的發展，他或她就會吸引異性而非同性。因此這種同性相戀的行動，乃是一種生活上反常的行動。

為了更明白這種反常行動，我們來提一下性格發展的正常情形。在幼年後期或少年前期，女孩子們大多有一種孤傲的態度，不理睬男孩子，同此時期的男孩子們也趨於極端，對女孩子們很厭惡。這等態度平常是在孩子們的發育時期，身心開始變化的少年時期出現。一個女孩子到了這個年紀，便會很害羞，對自己正在變化成為女人的各種現象十分敏感。因此她不喜歡和男孩子們混在一起，除非是功課上或迫不得已時，總是儘量避免接觸，以免難為情。可是在這時期，女孩子仍有一種天性存在，希望得到人的愛情與溫暖，現在既然有了討厭男孩子的態度，只好移情別愛於其他女孩子。我們常見到很多少女們成雙成對，友好逾常，幾乎形影不離，即是此種情形。

性格發展的正常情形

　　正常的情形下，這種態度不久就會起變化。女孩子到了年紀稍長，漸漸成長女人後，很自然的會有一種欲望，希望得到男子的注意及友誼。這段轉變時期，常被稱為「男人迷」。

　　因為初上此年紀的女孩子，對接近男子的各種社交活動毫無經驗，不知如何機警、巧妙的應付，所以她們有時在態度上也許會表現得太坦白、太明顯，不知忌諱，以致會有蜚語流出，惹人議論的情形發生。不過這也是一段轉變的時期，不久便會經驗豐富，機巧靈活，漸漸自然且正常了。雖然這樣，在這段時期，她對同年齡同性的姊妹淘還是不失興趣，繼續相愛相戀，親密得很。

　　一個正常的女孩子，到了少女時的中期或後期，交際活動不再是以同性女子為對象。她雖然還是很愛她們，有很多極友好的同性朋友，但她也開始想起自己要成立一個家庭的念頭。到了二八年華或二十歲左右，她至少會有一個心裡喜歡的男朋友，她會看重他的友誼，甚至勝過同性的友誼。

個性成熟的階段

　　女孩子的這種轉變很正常，把以前對同性的友誼轉移到喜歡的男朋友身上，在生活上是需要很大的調整。她必須有膽量，也得有相當的社交風度，才能了解這種轉變不是唐突又費神的事情，乃是溫和、優雅的蛻變。講一句鼓勵妳的話吧！從長遠來看，這種轉變對妳應當是一種愉快的生活調整，使妳知道自己的個性已發展到成熟的階段了。

說到這裡，妳自然會明白個性的正常發展與本文所說的反常之同性戀是有何等的關係。一個人對同性的朋友有了反常的愛慕，或是有了同性戀的傾向，是因為其在生活上未有妥善的調整，交不上異性朋友所致；或是因為她在社交生活調整轉變階段中，恰巧遇到一些不愉快的可怕經驗，以致對異性具有戒心，從此遠而避之。

　　我知道有一個青年男子有同性戀的傾向，追其根源，才曉得當他年少正在發育，應當對女性發生興趣時，不幸媽媽過世了。這種意外的打擊，使他傷心憂悶，以致在男女社交生活上沒有正常妥善的調整，結果變成對同性產生愛戀。還有一個二十幾歲的女性，她不幸有了失戀經驗，從此對男人不再發生興趣。她壓迫自己個性的正常發展，竟然陷入同性戀的迷途，喜歡結交同性朋友勝於異性朋友。

同性戀愛乃是違反常理的行為

　　一個年輕女子如果在個性發展上沒有正常的調整，陷入靜止狀態，縱使能勉強的把自己內心的熱情轉向同性，可是在肉體上的生理機構卻無法停止不發育。她的生殖器官及各種內分泌仍是繼續發展。由於生理上的需要，本來應當發生在夫妻正常關係的熱情與性欲既無法美滿解放發洩，結果可能施諸於同性密友身上，和她發生反常的性愛，演出假鳳凰的行為；她們不但在精神上反常，也在肉體上反常了。

　　現在我們坦白的討論了同性戀的背景，我相信各位少女當然很明白應當怎樣謹防有同性戀傾向的朋友們。現在且概括提出幾點建

議如下：第一，每位少女應當留心謹防年紀較長且對妳特別表示親暱的女人；第二，每個年輕女子最好拒絕與任何女人同床共寢的安排，以免發生意外；第三，凡對妳身體發生不當興趣的女友，應當警戒而避之。

　　總而言之，每個少女應當遠避過分親密的友誼，來粉碎同性戀者的引誘，應當擴大自己的社交圈，多和同年齡的善良男女朋友交往，找機會發展自己當領袖的才幹。剛開始可能會有點膽怯畏羞，但參加多次之後，習慣成自然，會變得舉止大方，生活正常，可免憂鬱寡歡，迷失於同性戀陷阱的悲劇。

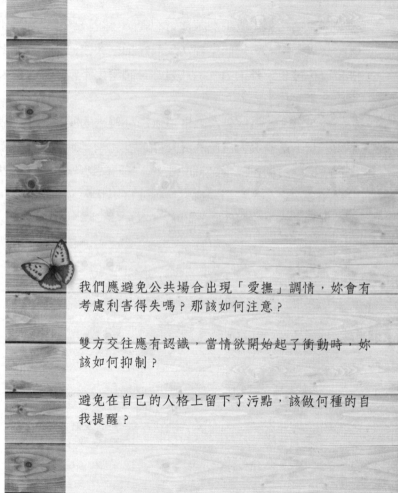

我們應避免公共場合出現「愛撫」調情，妳會有
考慮利害得失嗎？那該如何注意？

雙方交往應有認識，當情欲開始起了衝動時，妳
該如何抑制？

避免在自己的人格上留下了污點，該做何種的自
我提醒？

7

親暱愛撫

for Teenage Girls

到了少年中期，會對異性起新的興趣和覺醒。在這個即將成年的青春期，兩性間的差別已比童年時更大。有這種覺醒，便越生好奇念頭，亟想知道這些新起的差別究竟是怎麼回事。因此他們很想認識彼此，女孩子想顯出自己是善於應付男朋友，男孩子則想表明自己備受女朋友的歡迎。

　　男女間希望彼此認識及樂於互相交往，這是十分正常且健康的事。可是，凡事有利必有弊，正如一切的好事一樣，有時也有趨入極端的毛病。兩性間彼此認識的事，若是發展到了恣情縱欲的地步，其後果可能複雜而不可收拾。

　　少女時期的妳也許已經知道，老年人對男女間的愛撫調情，往往會大皺眉頭，搖頭嘆氣為傷風敗德之舉。可是妳也見到許多年輕之輩，卻認為這是無傷大雅的樂趣。許多少女甚至以為某種程度的愛撫是文明前衛又出風頭，若是一個女子不允許這回事，或許會被社交圈的朋友們視為守舊頑固，對男女愛撫一事既然會有這樣不同的意見，我們對這問題便有坦白檢討的必要，使妳親自明白這回事究竟會有多大的利害得失。

約會談情說愛應當小心

　　關於男女愛撫的形形色色，在此無需細提，我們只要簡單的提到一般原則就好了。這裡所謂的愛撫，是指未婚青年男女擇地約會，彼此親暱、擁抱、接吻等。我們在前面提到：因為男孩子的情欲比女孩子更易衝動、受刺激。

一個男孩子喜歡愛撫，因為他在這種經驗中可以得到快感，以為這是真實的事，顯明自己「善得美人心」，並深信一個女子肯對他投懷送抱，一定是墜入情網，以身相許，而更加起了憐香惜玉的綺念。

　　至於一個女孩子容許被愛撫，倒不是因為她在此舉上可以得到肉體上的快感，像男孩子所得到的一樣。她之所以這樣做，多少是因為要滿足男朋友的快感。一個女孩子對愛撫調情之舉並不感討厭，反而以此得到抬高身價之樂，覺得自己已經有人憐愛，有人拜倒在自己的石榴裙下，增進了社交身分。一個女孩子這樣表示樂於受人喜愛，喜歡情人的喁喁心話，這又是一件天然合理、無可厚非的事。

　　說到這裡，我們可下這樣的斷論：男孩子之想愛撫，純是出於肉欲的衝動；至於女孩子，是出於情感的衝動。

顧及對方幸福，才是真愛

　　也許妳會問：「至情真愛的表露，豈不就是肉體上的相親相愛？」我的回答是是的，但真實的愛情範圍很廣，比起肉體上的愛情偉大得多。真實的愛情是不自私，能顧及對方的幸福，而非貪圖一時之快。青年男子如果有真實的愛情，就會止之於禮，在神聖的婚禮正式舉行之前，絕不做那「先上車，後補票」的事情。他能顧及對方的這種態度是對的。

　　我們在前面提到，男子無論他有多麼好的教養，都很難制住那強烈的情欲衝動。雖然偶而也許會有一兩個特別例外，好像傳說中

的坐懷不亂的柳下惠；但是人間到底難得有幾個這樣的魯男子，這是生理使然，不足奇怪。尤其是在時常接觸、卿卿我我、互相偎依之下，往往感情勝過理智，令人無法自持。我們說過，女性的反應較慢，因此她有更大責任，對男朋友應當保持正當的標準和冷靜的態度，特別在談話和服裝上，應當溫文有禮，端莊正派，儘量避免挑動男朋友的欲火情焰。

女生要負更大的責任

雖然女性的情欲反應較慢，可是一經刺激及挑動也會欲火上升，衝動且情不自禁，並將是非利害關係置於腦後，這也是生理作用所導致。女生的身上有些部分非常敏感，予以刺激即可發動情欲，如手觸眼睫，眼皮立即閉上的反應一樣，只是情欲　經刺激，便起了非常複雜與非常強烈的反應，比起那僅為保護眼睛而起的閉目反應，還要嚴重，並非理性所能控制的了。

在互相偎依、撫抱之下，女性的特殊敏感一經接觸刺激，便會欲火上升，無法自持。青年男女到了這種地步，誰也無法保住最後防線。因此凡欲自愛自重的青年男女，應當事先預防此種情勢的發生，彼此不可過分的親密，更不可有刺激情欲的衣著、言語及肢體語言。

也許妳聽說過：「上帝既然使我們的身體有這種生理作用，用用又有何妨？」不錯！這種生理作用是上帝所賜予的，目的是要他們彼此相親相戀，然而這種親愛甜蜜的快樂，乃是夫妻健康愛情現象的一部分，絕非供應未婚男女恣情縱欲所用。

正如其他各種的福氣特權一樣，性的作用也常被人們所歪曲和濫用。現今世界，人欲橫流，色情激盪，一般世俗流行不聖潔的戀愛觀念，竟主張婚前發生性關係的事，以致許多青年男女鑄下了一失足成千古恨的慘劇，這實在是非常可惜的不幸！

信奉基督教的女子，應當潔身自愛，看重自己的身體，保持神聖的貞操，只在婚後貢獻給那已經證明配當自己丈夫的男子。《聖經》說：「豈不知你們的身子就是聖靈的殿嗎？這聖靈是從上帝而來，住在你們裡頭的；並且你們不是自己的人。因為你們是重價買來的。所以要在你們的身子上榮耀上帝。」（哥林多前書6：19、20）又說：「若有人毀壞上帝的殿，上帝必要毀壞那人；因為上帝的殿是聖的，這殿就是你們。」（哥林多前書3：17）

婚前不應發生性關係

婚前發生性關係，不但破壞了上述的原則，侮辱了神聖的身體殿宇，同時也妨害男女在婚後的生活不能達到理想的圓滿。妳或許會說：「我現在所接近的男人是我所心愛的未來丈夫。我們早晚一定會結婚，眼前只因環境條件不許可，所以遲延下來。我們的相親相愛和所發生的關係，將來婚後還仍然是一樣的。」

這話初聽很對，其實是不對的。妳愛這個男子，交往過密，有意託付終身，然而也當適可而止，讓那最好的快感留到婚後蜜月去欣賞。如果事先就劫奪了這份幸福，到了正式結婚之日，無論你們如何寬宏大量，心中總不免有遺憾，因為婚前的冒昧衝動，已把妳的自尊心完全破壞了，在洞房花燭之夜無新鮮、刺激，興趣索然，後悔已晚！

青年男女互相撫抱、偎依所引起的情欲行動，預嘗了婚後才應該有的神聖經驗，必會發生良心上的悔恨與不安。這種愉愉摸摸的行動，使妳們自己有了非禮犯罪的感覺，甚至在婚後也無法消除，只好終身悔恨在心。由於婚前一時衝動，失去了婚後應得的無窮快樂，這種代價未免太大了。

小心一失足成千古恨

其次，我們還得想到，有很多青年男女雖然已經定情，甚至以身相許發生了關係，也會因某些意外不幸的事，發生婚變，無法成婚，那時豈不後悔莫及！少年時的男女心意不定，很容易感情用事，朝秦暮楚，興趣常起變化，這是常見恆有的事，也是我們應當坦白面對的人生。

年輕女子若因過分親暱引起一時衝動，不慎鑄下失身大錯，又無法與男子結婚，到那時將如何呢？她要抱恨終身，自慚自愧不已，在日後更是無顏再見到那位男子，和他相見時，以往的千情萬緒都會躍躍出現腦際，尤其是自己不慎失身的醜態，使她簡直愧得無地自容。

她不但一生感受羞愧的陰影，同時在自己的人格上也留下了汙點，更可能從此一錯再錯，大開情欲之門，極易受人誘惑。一個女子既肯輕易讓人撫抱相親，就等於自毀藩籬，降低身分，無法再保清白，此後就極難與人格標準高尚的男子建立友誼。

一個年輕女子也許以為自己與一個男子發生了關係是極祕密的事，然而這幾乎是不可能的。她的朋友很快就會發覺了祕密，不經

意的張揚出去，真是「好事不出門，醜事傳千里」。等到這種桃色浪漫的芳名四起，許多以尋花問柳為能手的輕浮男子就如蜂似蝶般紛紛前來勾引。

　　另一方面來說，一個青年女子如果多方注意人格的發展，端莊自守，不肯苟且，就必有那些品格高尚的男子來追求。對這等優良的男朋友，妳的友誼也當規規矩矩，保持美且健康的感情，直到有情人終成眷屬之日，行過神聖的婚禮後，才與良人同心建設快樂的家庭，共享真正幸福婚姻生活。

妳覺得學業與愛情能並重嗎？

妳是不是一位懂得規劃未來的成熟少女？這關係到妳的未來。

該怎樣自行警戒觀察妳交往的對象？

8 戀愛與失戀

海倫芳齡十六，高中快畢業了。湯姆是她的同學，十八歲。湯姆有一輛汽車和一份工作。他因為有車，會在課餘之暇出去打工，賺零用錢。海倫愛好音樂，每日下課後大多忙著練鋼琴。

　　他們是同班同學，彼此漸生感情。湯姆也很喜歡音樂，每次到海倫家，他很愛聽海倫演奏美妙的音樂。海倫很樂意和湯姆交往，喜歡湯姆溫文有禮的態度、體貼柔和的神情。

　　海倫的父母屬上流人物，家境優裕，海倫從小過著豐衣足食、養尊處優的生活。湯姆的家境清貧，爸爸是忠厚的老實人，每日出外努力工作，賺錢養家，生活勤儉，和海倫家的富裕生活相差甚遠。

　　海倫與湯姆同班讀書後，彼此日見接近，興趣相同，情投意合。他們會在走廊相遇，在中午休息時，總是一起談話。差不多每天晚上，不是湯姆到海倫家欣賞她演奏音樂，便是海倫搭湯姆的車兜風遊玩。海倫雖然有點不高興那輛老爺車，但她喜歡和湯姆在一起，所以還是會和他一起出遊。

　　到了春暖花開時節，他們的情誼發展迅速，已經到了坦然談論未來共同生活的地步。他們沒有訂過婚約，因為他們自認還年輕，還不到成婚的年紀。此外，海倫的生活要求很高，更使湯姆覺得應當先存一大筆錢才可以和海倫結婚。

戀愛會影響學業

　　正如一般的年輕人一樣，他們墜入了情網，經常談情說愛，不免分散了求學的心，把功課給耽誤了。他們差不多每天晚上在一

起，哪來功夫預習功課？海倫本來是成績優秀的學生，現在她的分數不但不是甲等乙等，反而是丙等，甚至丁等了。她先前很喜歡把功課做好，在全班的領頭，考卷寫得最完全，現在到了快畢業的最後一年，她竟然變成不在乎，及格不及格都隨便。雖然有時得到的分數過低，連她自己也吃了一驚，覺得應當立志好好用功讀書；尤其是在一兩位同學問她得了什麼分數時，使她覺得特別難為情。然而在戀愛的時候，她覺得分數高低無所謂，只要能和湯姆常在一起，計畫怎樣建設自己的新家庭，便感到快樂、滿足了。戀愛奪去了她向學的心，她雖然還是承認讀書受教育是有益的，但是她總覺得和湯姆在一起更多快樂，幻想將來的美滿姻緣比學校的功課有趣多了。

畢業班的學生當然有很多活動，組織社團、野餐、旅行及其他各種派對活動等，在這些場合中，湯姆和海倫總是在一起。到了畢業生離校前夕所舉行的「言志大會」，有位同學擔任先知的角色，預言各位畢業生的前途。當然，在他善頌善禱的預言中一定會提到，湯姆和海倫不久會珠聯璧合，白頭偕老，幸福無邊等的佳話。

畢業後，許多事情開始有了改變。湯姆找到一份全職在外地的工作，只有在週末才能回來探望海倫。他現在雖然賺錢稍多，但手頭還是很拮据。這從他每次回來只買一點禮物和鮮花送給海倫可以看得出來。據他的解釋是，他要存錢在銀行裡準備讀大學的費用。

升學與結婚不能兩全

這個去大學讀書的計畫，在海倫耳中聽來，無疑是晴天霹靂。

海倫以前雖然也常想著要升學，可是現在聽到了湯姆的認真計畫，討論他所要讀的科目，和偶而提到了他的經濟困難情形，使海倫很清楚的看出，湯姆的升學計畫和她希望早日結婚的夢想，已是水火不相容，無法兩全。他們向來感情極好，就像是他屬於她，她屬於他。湯姆出外工作，讓海倫覺得十分寂寞。在幾星期前學校未放學時，湯姆每天都來探望海倫，現在呢，海倫每晚都得忍受無名的空虛。湯姆的四年升學計畫，破壞了她早日成家的夢想，這種打擊不是她所能承受的。

　　同時，湯姆也做了一番認真的思考。他每天出外工作，離開了如膠如漆的愛人，反而給他有機會細想。他極愛海倫，但他現在也想起了，如果海倫改變了她那樣的享受，一定是不快樂的。他十分明白自己眼前的經濟情形，也委實無法供應海倫那種享受。他知道只有努力升學，將來得到高尚職業，收入豐厚，才能維持海倫的生活。此外，他自己的抱負也很大，希望將來有出人頭地成功的一天，不願過平常人的生活，天天辛苦，家無隔宿之糧。他切心求上進，只要能進大學，再辛苦也無所謂。

決定前途之夜

　　決定前途的那一晚終於到了，週末湯姆回來，海倫和他一起乘車出遊。他們談起未來的生活問題。海倫向他訴苦，說他在外工作，她很寂寞。她一聽到湯姆的心意，說要賺錢去讀完四年大學才計畫成家，無法忍受，大為生氣起來。湯姆本來是個大好人，脾氣柔和，今晚為了這個問題，他差不多也大動起肝火來。他認為自己

的計畫十分重要且正確，海倫對他竟毫無同情鼓勵上進之意，實在讓他極為反感。

海倫今晚見到湯姆像牛一樣的固執己意，硬把求學置於成家計畫之前，實在也大吃一驚。她生氣之後，大罵湯姆自私自利，只顧自己，不顧她。這場爭吵，越來越烈，雙方出言不遜，冷嘲熱罵，互相猛烈攻擊。

湯姆把海倫送回家後，臨別也不說聲再會。他們決裂了，再也沒有和好起來。他們慢慢發覺了雙方的價值觀確實有天大的差別，這種歧見已無法消除。他們的情誼到此告一段落，只好分手。

這暑假的剩下日子，對海倫實在是很淒涼。她傷心至極，以前十分相信湯姆和自己情投意合，絕無反目相離的可能。在他們同遊共處的幾個月中，她始終夢想著他是一個理想的青年。她的一切心思和計畫，都是與湯姆的友誼相聯繫。她從沒想到在彼此的環境與意見上有什麼分別，以致他們無法結婚成家。

失戀未必有損幸福

海倫的養尊處優，生活奢華，媽媽應負一大責任，然而海倫媽媽老成世故，人生歷練豐富，現在也只有她能來安慰救助這個小女孩。她對海倫說：「妳將來的幸福未必有賴於非和湯姆結婚不可。」她向海倫保證，過些時候，海倫就會忘記了這回傷心的經驗，也許那時還會因為已和湯姆決裂而覺得塞翁失馬，焉知非福呢！

海倫媽媽偷偷的把自己過去的經驗說給海倫聽。她提到自己也有過兩三次的戀愛，後來都失敗了。她說：「海倫，我曾好幾次想

要警告妳，說妳和湯姆的交往不會維持太久，可是我都不敢這樣忠告妳，因為怕妳誤會，以為我不贊成妳的婚事。現在你們既然已經決裂了，我便不妨告訴妳，這不過是人生中的一回經驗而已，妳用不著太傷心，反而應當越快忘記越好。雖然妳會覺得自己最知心的朋友也會丟棄妳，但妳卻當記得，上帝絕不會丟棄妳；妳若求祂相助，祂必本其意繼續引導妳的前途光明幸福。祂知道什麼對妳最有益，祂要應允妳的祈禱，幫助妳得到最如意的未來郎君。」

海倫開始新的生活

暑假的日子一天天過去了，海倫也開始新的生活。她追憶著過去的經驗，覺得那次友誼的決裂也不能全怪湯姆。她也開始明白自己強迫湯姆在未能學成養家之前就要結婚，是不智之舉。她甚至承認自己對湯姆一向是自私自利，並且過於貪圖物質的享受，忽視了人生更重要的事。有了這些覺悟後，她決定從這場經驗中學到教訓，一切從頭做起。

暑假結束，海倫已經很成功的勝過這場失望的經驗。她深思熟慮了一番，同時也認清了自己對未來生活也應當負有責任。她終於領會了美滿的婚姻生活，妻子也負有重大的本分，正如丈夫所負的責任一樣。她有了這種認真的見解後，便決定去讀大學，研究對自己的人生有更遠大助益的課程，並對將來主持家事的責任做一番特別的準備。

後來我聽說海倫在大學讀書很快樂。她的成績很好，全班同學都很喜歡她、尊重她。我在無意中聽人說，她現在有一位男朋友，

他是品學兼優的神學院學生。

海倫的經驗，很能代表許多少女所常有的經驗。當男女雙方有了特別友誼時，往往會以為這就是天長地久的結合開始，海可枯，石可爛，兩人的情誼必不改變。然而，大多數的青年卻都有過正常而自然的經驗，他們要經過好幾場的試驗，來來往往，直到最後才發展到真正靠得住的愛情結合。

懷春時期的初戀

在少女初期，女子常會對某一男子特別愛慕，並認為他是最好的男子。這種一見傾心的思念，有時也只是出於芳心默許，而男方卻一無所知。後來那女子暗地裡讚美他，每天利用各種機會和他說話。雖然在初次接觸時，不會有多大的發展，可是在她的心裡卻已引起了千頭萬緒，每天織起浪漫的美夢，神魂顛倒的自我陶醉。

有了這種開始後，接著後來便有其他的特別交情發生，有些男性朋友常來獻殷勤，或特別相好了幾天或幾星期。有時妳向他借抄筆記，有時他請妳去野餐。這些男女少年的初戀情形，多半是逢場作戲，過後便忘，都是無目的的試探進攻，想從所交往的朋友中找到自己鍾情的人。女孩子們經過了這些初期的經驗後，對男孩子的情形多少已經捉摸得到，然後她才對自己特別鍾情的男孩子張起愛情的羅網。

心目中理想的男朋友

有時在這些初期的經驗中，她會碰到一些中意的男孩子，但脾

氣很不好。女子希望的男孩子是斯文、溫柔的，有運動道德的精神，勝不驕，敗不餒，若有意外失約或改期的事情發生，也會容忍，一笑置之。如果她發覺讚美的男子很粗暴，蠻不講理，有時因故稍改出遊之約便冒火，那麼她會很合理的斷定，這個朋友是無法維持生活幸福的。

在初期的戀愛經驗中，她也許會發現向自己特別獻殷勤的一位男友，根本是個自尊自大的人，一切唯我是聽，不肯和人合作。這種情形有時會在大家相聚時發生，她看到他的固執己意，絲毫不肯遷就他人，使自己實在也覺得很尷尬、難堪。

有時在戀愛過程，女子常會遇到薄情郎或負心漢之流的男了。這等人自信知道一切女子的芳心，很客氣、有禮貌、衣冠整齊、善於應酬、極會諂媚，最能釣得女人心。但這種男孩子和人極易相熟，不到幾天便和妳非常好。其實，他沒有誠心，一意虛偽，只要妳冷靜忍耐，多用些時間研究觀察，就不難發覺他的自私動機。這種男孩子特別貪圖肉欲之歡，不惜自己名譽，不顧女友未來幸福，簡直是花心、放蕩之流，因此聰明的女子應當嚴謹防備，切不可接受這種友誼，以免一失足成千古恨，百悔莫贖此憾。

或者妳會問：「我怎樣知道他是不是負心漢呢？」首先，妳在未接受他的友誼之前，先應調查他的名譽和品德，如果他是朝三暮四，輕易變換結交朋友，妳就有理由防備他。有些男人喜歡吹牛，說他同時能交許多女朋友，個個都有親密的交情，這種人妳更當留心！

其次，如果剛交往時，妳發覺他輕然允諾，隨便應許又不實

踐，這又是一個理由使妳應當自行警戒。還有，如果他的友誼發展過速，用綿綿情話來打動妳的心，又喜歡動手腳來刺激妳的情慾，使妳的感情勝過理智，這時，妳就可以十足確定他的動機是自私的，他的友誼必讓妳後悔，妳還是嚴詞正色和他早點一刀兩斷更好。

　　有時（也許在少年後期的芳齡雙十左右）妳會遇到一個實在稱心合意的男子，妳覺得他各方面都非常優秀，勝過妳以前認識的每個朋友，妳認為這場情誼是可以永久了，正如海倫後來發覺湯姆對她並不是最理想的一樣。因此，一個女子最好應當潔身自愛，千萬不可太快以身相許，縱使妳以為他是最合妳心意的，也不可過分親密，以致失身。如果他實在是可靠的情人，他的愛情友誼是經得起時間的考驗。妳應當保守自己的清白與理智，不必患得患失，趕緊設法相就，墜入愛河過深，以免在萬一不幸雙方感情破裂失戀時，妳會完全崩潰或抱憾終身。

　　最後，如果妳已有了失戀的經驗，像海倫一樣，那麼妳如何應付這場失望的事呢？這個問題的答案，要看妳事前曾否受過警告而定。如果妳明白這不過是人生的一部分，許多早期的戀愛經驗是靠不住的，就用不著過分傷心，這樣，妳對各種友誼及愛情所抱的態度，便可使妳免除許多意外的失望。

妳是一位注重名譽的人嗎？這對妳有何意義？

當雙方交往擦出愛情火花時，妳的心會被情慾所淹沒嗎？還是妳會有理智的去維護友誼的正常發展？

未來的真實幸福操在妳手裡，妳自己該作何聰明合理的決定？

9 約會談情說愛

for Teenage Girls

　　對青年男女在彼此喜歡時，總愛有點小事來共守祕密，才覺
得是互相知心，快樂無比。他們所守的祕密並非什麼天大的
事，說穿了都很簡單，只是他們共同經驗中的一、兩個笑話或故事
而已。有時，他們還會發明一些祕密的暗語、記號、綽號或表情，
叫別人聽來莫名其妙，而他們自己則樂不可支，會心一笑。

　　既然是祕密，自然不應在第三者面前說出，因此正在戀愛中的
男女最喜歡到僻靜無人的地方約會，卿卿我我，細訴衷曲，互表愛
慕之情，或討論未來計畫。

　　一對愛人在約會時，愛情最容易突飛猛進。他們談起未來的計
畫甚感愉快，互聽對方的喁喁情話，如醉如迷。漸漸的，把話題談
到了結婚的可能性，他們變成了急性鬼，希望婚禮早日舉行。他們
迫不及待的心情，使他們經常發出試探的問題：「我們既然知道彼
此是真心相愛的，為什麼還要等那麼久才結婚呢？」

控制異性友誼的進展

　　少年時期的男女當然是還沒有結婚的資格，可是有時因為雙方
過於親密，陶醉在愛河中，乾柴烈火，很容易一時情欲高張，失去
理智。因此最聰明的辦法，是設法控制自己的交情友誼，不讓發展
過速。在快樂忘情中，不妨用冷靜的頭腦認真思考一下，以免鑄下
大錯，一失足成千古恨！

　　我不贊成早日結婚，也不提倡延長婚約；但在此兩極端之舉
中，我認為延長婚期比匆促成婚較安全妥當。少年早期的男女不宜

沉湎情河愛海；少年後期的男女，對此問題也當先認真考慮，如經濟、教育等方面是否已有充分準備，然後才可決定交往的深淺，以免一時冒然陷入情網而失理智，無法自拔。

在眼前流行的社交行動中，女生多半是被動的。男生在情場上展開主動攻勢後，他向女子獻殷勤、約會談話及出遊、表示愛情，甚至在定情論婚時，也是由他先啟齒：「妳肯嫁給我嗎？」

雖然是年輕男子採取攻勢，但採取守勢的年輕女子對防線的強弱，卻有決定性的作用。她可以控制友誼進展的程度快慢，她有權利取捨男子的約會，她可以決定男子要求談情說愛的次數。在男子求愛時，也只有她能夠說出可否的話。尤其是一個青年男子在向她表明真心相愛之後，他們友誼的進展或快或慢，可說是完全由她隨心操縱。一個可貴的年輕男子，對這等事情一定是很敏感，並要盡心合作，以維護友誼的正常發展。

避免單獨約會談情

約會談情最會促使特別的友誼迅速發展到結婚的地步。因此，若要避免友誼發展過速，最好是不要單獨約會談情，應當有別的人或年紀較長的人在場更佳。

年輕人喜歡打理自己的事情。妳不喜歡別人告訴妳應該做什麼和不應該做什麼。當爸爸媽媽警告妳不可和情人單獨約會太多時，妳的第一個反應是覺得他們太多心或不信任妳。其實，他們無意剝奪妳的快樂良辰。他們是真心關切妳的幸福，誠意想幫助妳避免錯誤，使妳不至於被人閒話批評，而感到難堪。

　　或者妳會說：「我們出去談心有什麼不對？現今很多青年男女都是單獨出外談心，根本沒有什麼可多心的。」

　　話雖沒錯，現今青年男女出外談心已很普遍，用不著大驚小怪。然而這雖普遍，卻仍未必能使青年人徒受其利而無害。

　　第一，即使你們的心意純正，但正常男女在彼此親密接近時，總是不免會起生理上的反應，乾柴烈火，往往情欲壓倒理智。我相信妳和情人都是正人君子，彼此毫無邪念，絕無苟且之意，不願有瑕疵；然而在天性驅使及生理反應下，青年男女單獨約會，無論教養多好，總難免會刺激彼此的好奇心，終至薄弱了理性，而膽壯的「恣意」起來。

肉體接觸易起情欲

　　一對相愛的年輕男女，約會談情時，甜言蜜語，款曲綿綿。在這種情形下，他們以言語來相表愛悅之情，談論私事及體己的話，彼此感到快樂及信任，加強了愛情的聯繫。除此之外，人類自然的趨勢，會使雙方肉體接觸，互相依偎。我們常見到一對情人坐著的時候，身體緊緊相靠，雙手牢牢相握，就是這個緣故。這種親熱很容易發展到超過合法的範圍，由依偎、親吻、撫抱，終至於發生了肉體關係。因此，一對情人經常單獨約會談情，免不了會闖下色膽包天，糊塗失貞之事。

　　我相信妳，雖然是個少女，對這些事一定自信很明白，且確實知道應當怎樣潔身自愛。可是這條界線十分曖昧不明，往往非自己之力所能畫定，肉體的接近是由情欲的衝動而起，使妳有一種說不

出的快感，這種快感漸漸而來，得寸進尺，使妳如醉如迷，終至情不自禁。一對年輕男女約會的次數越多，關係越密切，簡直作繭自縛，無法解脫。許多人剛開始都是誠心正意，由於多次的約會，竟至神魂顛倒，發生肉體關係，越來越亂，越亂越來，鑄下大錯，後悔不已，殊為可惜！

當心理智被情欲壓倒

妳或許會反問：「你以為我和情人約會，自己不知道檢點小心嗎？」妳問得很對，我的意思就是這樣。為證明慎重起見，我不惜一再重述說：「當一對年輕人單獨約會時，他們的理智容易被情欲所壓倒。」

也許妳會再問：「我應當怎樣預防，才不讓這種天然的情欲放縱，以致犯下後悔莫及的大錯呢？」這個答案很簡單易行，同時不會破壞妳和情人之間的特別友誼。如果妳留心過前面的解說，就會明白年輕男女愛情突飛猛進，實基於以下兩個條件使然：孤男寡女單獨約會，並無他人在場；談說個人的體己私話，最易引起情欲衝動。因此，如果不想發生過分親熱的舉動，首當避免單獨約會，其次話題儘量少涉及個人隱私太多。

應當避免成為別人的話柄

為幫助青少年男女更能應付各種難題，我願在此提到普通人對這種社交行為浪漫者的觀感。每個結過婚的人都知道，年輕男女密切接近的自然發展是什麼。大家見到年輕男女耳鬢廝磨，日夕接

近，常單獨約會，便一定會猜想他們已發生了肉體關係。這話雖有點武斷和不公道，可是許多的閒言蜚語便是由此而生。人言可畏，讓人無法自白。

不但少年男女或未婚男女，應當儘量避免這等閒話，已婚男女也應當寶貴自己的名譽，在社交行動上格外小心，以免受人誹謗。一個已婚男子去拜望朋友時，如果只有朋友的太太單獨在家，為了顧全大局，盡可能不要進去。縱使動機純正，毫無邪念，在各方面都顯示出是正人君子，冒昧進去，難免有瓜田李下之嫌，給人說閒話的話柄，那就真對不住朋友的太太和自己的太太了。

既然是已婚男女都要小心行動，以保全社交名譽，何況少年男女呢，豈不更應當格外自愛，以免落人話柄！年輕人的名譽乃是無價之寶，必須保全好的名譽，才能有幸福的未來美滿生活。

年輕女子容易被欺騙，以為在社交上不肯犧牲色相就得不到男子的愛情。這種不幸的錯誤觀念流行後，已使許多年輕女子被愚失貞。其實，如果一個男子在和他的女友談話中有此種說法，就表明他是存心不良，僅圖一時肉欲之歡，而非顧及健全的友誼，一旦他達到歪邪的目的後，便很快會始亂終棄，轉移目標，倒霉的還是意志薄弱的女子。

因此，在社交，現今以及未來的真正幸福，完全是操之在自己的手中，妳可以做聰明合理的決定，不讓那些不利的環境出現，盡力遏阻那些發展肉體情欲及引起無稽謠言的機會。所幸我這個忠告並非很難實行，希望妳能在健全的情勢之下，發展健全的友誼才好。

妳是否時常亂發脾氣？當別人勸說，妳會接受嗎？

心理週期導致妳的情緒起伏不定，妳該如何控制？

妳會怎樣轉換妳的情緒？

10 心情的好壞

for Teenage Girls

幾年前我從事一項研究，需要用專業的相機拍攝很多照片，於是，我請了一位懂攝影的朋友來幫忙。我們忙了好幾個鐘頭，到了天黑收工時，工作還沒有完成。於是我問朋友：「你明天一早就來幫忙好嗎？」他猶豫了一會兒，然後說：「這要看明天早上我的心情高興不高興而定。」

當時我有點生氣，因為他竟讓心情來干涉工作。在我看來，這項工作非常重要，我希望快快完成。但他卻是心情擺第一，一切事情隨心情的高興與否來決定。我想妳也預料到的，他在攝影的事業上不會有多大的成就。果然，沒多久，他對攝影事業就失去興趣，改行做別的工作了。我想，他失去興趣的主要原因，是因為他讓自己的心情當家之故。

我想起了這位朋友過於重視心情，又回想自己在少年時也曾經體驗過很多不同的心情。這些心情十分強烈，甚至我需要向別人請教一番，才能決定自己是否要升學讀書的問題。幸運的是，後來我學會了怎樣控制自己的心情，不讓心情來控制我。可惜我那位攝影的朋友，他並沒有學會這門功課，長大成人之後，還是讓心情來決定一切事情。

心情到底是什麼？

在人的生活經驗中，心情占很重要的部分。妳我各有心情，每個人的心情皆不相同。心情是屬於個人的，要看個人的習性及所經驗而定。心情到底是什麼？我們很難下一定義，可是每個有此經驗

的人都知道，這是一種實實在在的作用，雖然說不出它是個什麼名堂。當妳心情好的時候，妳很高興、樂觀、精神百倍的進行各種工作；一旦心情不好，妳就掃興、悲觀、沒精打采，對本分當行的事也覺得無可無不可。

敏感的少女心情

人在少年時，感情很強烈，但說不出這些心情是從何而來，從何而往。心情的出現與消失也非常神祕。環境對人的心情有很大的關係，這是不用說的。當妳被稱讚時，妳會覺得高興；當妳功課順利、家裡的事也做得很成功時，妳會覺得很得意。可是遇到一個朋友說話不客氣（甚至不是妳的錯而斥責妳）時，妳就很不高興而生氣，且會一直放在心上，對這一天別的事也生氣了，甚至自己也覺得這樣對別人無緣無故地發脾氣是不對的。

關於妳的心情，有時在同樣的環境中有今天這樣的感覺，可是到了明天卻有了不同的感覺。有時會覺得自己實在有點神經過敏，好像四面八方都和妳為難。爸爸提醒妳應當做的事，妳的反應馬上發作，好像被人虐待一樣。其實，爸爸並沒有傷害妳的意思，他像好朋友一樣，怕妳忘記了，才幫忙提醒妳。可是妳當時的心情不好，於是很容易誤會，而發了不必要的脾氣。

也許妳的心情愉快，父親給妳建議這個，建議那個，都不會覺得在衝撞妳，反而會多謝他的好意提醒妳。當妳心情樂觀、精神蓬勃時，妳會有更佳的幽默感，這是妳敗興灰心時所沒有的。在妳得意時，妳對某些事會一笑置之；在失意時，對那些事就會

感到不勝厭煩。

　　也許妳會問：「為什麼少年人的心情這樣敏感？」這個問題我自己也覺得莫名其妙。但我知道，我年齡稍長後，我的心情已不像少年時敏感了。

影響心情的因素

　　人的心情和身上所儲藏的精力有直接關係。當妳精力活躍充沛時，妳是樂觀、勇敢；當妳精力疲憊衰竭時，妳便灰心喪氣、萎靡不振。因此，一個人如果身體有病，會覺得沒精打采、悶悶不樂，因為他失去了健康時所有的活潑精力；反之，一個人如果健康無恙，他充滿自信心及無畏的精神，大刀闊斧的執行自己的責任。

　　少年時候的妳，應當是儲藏著豐富的精力，可是也有很多方法會使妳把這份精力花光。人生是動人的，有許多的興趣吸引妳去發掘。妳不願承認自己的精力及體力是有限的，一意想做許多的事，以致很快的消耗了妳的精力而不自知。

　　妳曾注意到自己晚上很晚才睡覺，第二天的脾氣會變得很暴躁，精神低落嗎？妳也曉得出去參加派對一次或離家出遊兩三天，回來後總要花一兩天才能重振精神，讓工作和功課再上軌道。這是因為妳已用盡了身心精力的容量，所以必須用些時間來充實，好像汽車的電池需要再充電一樣。妳的精力低落時，會覺得消沉；一旦精力補充旺盛了，又會樂觀愉快起來。

　　還有一個原因使妳的心情這樣敏感，那就是妳近來有了成人的各種特徵，妳渴望人們承認妳的成人資格。如果妳的行動配稱成

人，這種渴望倒是正確與應當的。妳的成人特徵是最近才發展出來的，妳當然急得想知道成人如何看待妳。因此如果有一點不順的環境發生，就會覺得是有意為難妳，而感消沉失志。例如：爸媽反對妳在家中正事做完之前和朋友出去游泳，妳會覺得他們不信任妳，故意安排家事給妳做，使妳不能跟朋友出去。其實他們並沒有這種意思，只是妳有了幾分心急，想早日表現自己會操心自己的事，妳覺得自己好像是處在被動的地位所致。

等到年紀稍長後，妳多少學會了與人相處之道，會明白自己做了可嘉許的事，人們就會稱讚妳；但如果有了和大家的標準不符的舉止，就會招來批評非議。妳會明白有些人是和藹可親的，有些人卻是天生愛生氣。妳也會明白應當體諒人們在某些日子中是情緒低落和不舒服的，如果對方顯得有些粗野，也不應介意生氣，因為他的心情不佳，但並不是天天如此。

情緒升沉有週期

一個人會覺得在有些日子很好，在別些日子就不好。如果妳有寫日記的習慣，不妨把每天的心情寫下來。從日記中查看自己過去兩、三個月的心情，就會驚奇的發現，原來自己喜怒哀樂的心情好像有週期性。悲觀或樂觀、高興或掃興，都有明顯的規律，周而復始，或是三個禮拜一期，或是四五個禮拜一期，每個人的變化不同（當然，還有別的環境因素對心情也有重要的影響，自不在話下）。

年紀大些的女孩子或婦人，這種情緒升沉的週期往往和性生活

週期有關。女人的月經通常四個禮拜來潮一次，在月經之前或月經期中，她們的心情較消沉。男孩子如果明白這回事，就會明白女朋友為什麼這幾天比平常不快樂，並加以體諒、忍耐，不要追問她為什麼這樣，使她難為情。知道再過幾天，她就會恢復正常了。

　　男人在心情上也是有週期性的，只不過他們的週期性不像女人那樣和月經作用湊巧相同，因此男人的情緒週期變動比女人更大，如果沒有仔細研究、記錄，自己不易發現。

　　一旦妳明白了自己的心情是時有起落，常會改變，妳就不會在心情低落時過於苛責自己或別人了。雖然妳明白了這回事，但還得知道有兩三種方法可以幫助妳在情緒消沉時不至於過度失喪，及怎樣不顧低落的心情仍然繼續工作。只要妳學會如何控制心情，做心情的主人不做它的奴隸，妳就會在自己個性的發展上有理想的調整。

學會控制心情

　　關於怎樣控制心情，我在前面已略有提示，妳的心情如何，大半有賴於妳所儲藏的神經精力多少而定。人的神經精力會有定期的發洩，漸次減低一些，但每次到了心情愉快、樂觀勇敢的週期，妳的元氣精神就有了新的補充。如果妳把新近補充的精力消耗得太快，供不應求，結果精力早衰，就會備感消沉及失喪；反之，如果能愛惜這新近所補充的元氣精力，就會有足夠的勇氣可以應付心情低落時的需要。換句話說，妳在心情高興時想一跳三步，氣吞全牛，最好要小心，不要這樣才好。如果妳在晚間對某些事情很感興

趣，想遲些睡覺，最好停下來想一想，認清失眠之害會耗盡妳的神經精力，使心情低落提前來臨。妳身上所有的精力，只夠妳應付從這一個樂觀時到下一個樂觀時的需要。如果小心運用，就可順利應付，否則必感精疲力竭，越覺失志，更容易灰心。

其次，妳對自己心情所抱的態度，會幫助妳不受心情的左右。在妳心情低落時，如果同情可憐自己，會使妳更感灰心失志。妳應當對自己說：「平常的我不是這樣的。我向來樂觀勇敢，我不久一定會度過這暫時的低落心情，恢復那樂觀勇敢的我。」

當妳心情低落時，不要把自己看得太認真，會幫助妳維持平常的生活。換句話說，不要學我那位照相的朋友，什麼都要看明天的心情而定。預先計畫明天要做的事，不管明天的心情如何。如果覺得不舒服，記得這只是暫時的低落，不必理會，儘管前進，照常進行日常的生活。妳應當打起精神來，鼓勵自己幾句，學會看輕沮喪失意，就會發覺一次比一次更進步，低落的心情也會慢慢不見了。這樣，妳會逐漸發展成樂觀的性情，人們見到妳有這麼平和的脾氣也都恭喜妳，而樂於和妳親近。

妳覺得哪些個性／特質是贏得友誼的必要條件？

妳覺得朋友們最討厭妳的哪些缺點？

好人緣帶來好人氣，請分享妳贏得好友誼的經驗。

11 交朋友的祕訣

for Teenage Girls

每個少女都愛交朋友，愛在同輩中出風頭，愛受大人的歡迎。在幼年時，妳不大注意別人怎樣看待妳。有了父母的愛護和師長的看重，妳覺得已經很安全得意了，旁人對妳如何，可置之少理。

現在到了少女時期，妳的友誼圈需要擴大。雖然妳的父母還是疼愛妳如同掌上明珠，但家人以外的世人如何接待妳，就很難說了。妳不能希望自己一輩子依靠父母，所以便應設法和家人以外的人維持友誼。

妳開始表示關心家人以外的朋友，喜愛同輩的女孩子歡迎妳。妳幼年時的同學，本來是妳的對頭敵手，現在也變成朋友了。少年時的妳，對女性朋友看得如同家人一樣。

到了少年的中期及後期，妳的社交興趣不但已有了女朋友，也會有男朋友。此時，妳會明白自己的生活的美滿與否，有賴於年長者如何接待妳。

讀大學時，妳會發現成功不只是考試及格，還得和師長們建立起和諧的關係才行。也許妳已選了教師或是護士的職業，這時妳更會覺得自己的成功要素在於妳如何與人相處。且拿教書來說，妳應當和學生、家長、學校董事及鄰里有權位的人，都相處得好才行；再拿護士來說，妳應對病人和氣愉快，對同事、病人的親友、看診的醫生等，都建立起和善的關係，妳才會成功。

也許妳現在無志讀大學，那麼妳還沒結婚成家之前，當然會設法找點事情來做。可是妳無論做什麼事情，也都得要和氣待人才

好。在未被僱用之前，妳的老闆會先向認識妳的人打聽，妳會否受僱用，在於這些朋友怎樣陳述。

懂得「包裝」自己

不管妳是否願意，人與人之間的關係，實含有相當分量的推銷關係在內。要結交朋友，先得把自己當作可愛慕的人和有價值的朋友「包裝」給別人。在學校要順利成功，也得把自己推銷給師長，使師長相信妳對功課會特別用功，配得甲等的分數；想得到良好的職務，妳先得推銷自己給老闆，使他相信妳的人品好，經驗豐富，對工作足能勝任愉快；在交異性朋友日後結婚成家這件大事上，也需要大量的推銷技術。除了戀愛的風情外，女孩子必須將自己美好的品性、值得信任及尊重等好處，很成功地介紹出去，給人家好的印象和觀感，這樣才會吸引男子的愛慕。

和氣待人最要緊

我認識一位年輕女子，她的生活成功我覺得是她很早就認識了和氣為人的重要。我認識她時，她還是一個很年輕的少女。她父母的家庭人口眾多，食指浩繁，她雖然年紀很輕，卻必須出外找工作，貼補家計。

我妻子和我對這位女子的印象都很好，她很和氣，很會待人。因此我們僱用了她，每個禮拜幫忙家事及照料孩子們幾個鐘頭。她的服務很令人滿意。我們觀察她最出色的才幹就是終日滿面春風，和孩子相處很好，對每位來賓都溫文有禮，甚得來賓歡心。

　　這個女子讀完中學後去讀大學，她必須自食其力，打工賺錢讀書。由於她的態度和藹，處事有方，大家都很器重她。不久，她在學校得到總機的工作。以前別人做這份工作，有了很多的麻煩和批評，可是她接手後，雖然她只是一年級新生，但因她和氣近人的態度、委婉悅耳的聲音、勤敏應事的能力，很快就得到各方的滿意與讚許。

　　後來有一個機會使妻子和我可以幫助這位年輕女子。我們有一個朋友，為紀念亡妻，擬出一筆相當數目的獎學金，要獎助一位品學兼優、家境清貧的有志女學生讀完大學。他要我們提議一位值得獎助的女學生。我們腦子裡馬上想起這位曾在我們家服務過，現在正努力奮鬥，半工半讀，艱苦向學的女孩。我們對朋友提出建議後不久，女孩果然按月收到我們朋友的資助，順利讀完了大學。

　　畢業之前，她來拜望我們，向我們道謝幫助她取得獎學金順利完成學業。和她一起來的是一位英俊有為的青年，是她的同學，也是她的男友。

　　這個女子雖然家世貧微，竟能刻苦奮鬥讀完大學，嫁得如意郎君，值得佩服。但如果她向來脾氣不好，不善人緣，我相信她絕無法達到這種成就。我認為她的最大資產就是和善個性及廣結友誼。

動機純正活潑樂觀

　　少年時期的好，如果想交朋友，只要動機純正，方法確當，我敢擔保妳的成績一定很好，甚至想結交年紀較長的朋友也會很順利。年長者喜歡少女的活潑與熱情，少女表現出和氣的友誼，年長

者一定會盡力幫助她達到目的的。

　　年長者喜歡讚美少女，因為少女有樂觀精神。如果她對前途充滿自信，加上精力及勇氣，年長者一定會盡力助她一臂的。

　　可是在妳開始結交年長者時，應當注意有些事情是他們不易忽視的。如果妳不善於應付這些事，就不免給他們鑄下成見，反而事與妳為難了。這些事情猶如芒刺在背，是妳應當知道及善為防避的。

　　第一，年長者不喜歡「無所不知」的態度。他們年事既長，經驗豐富，經常料事如神，很有把握。雖然他們也許思路遲慢，不如少年人敏捷，可是無論如何，他們是不願聽孺子之教，更不願妳不尊重他們的意見，使他們覺得受辱。

對年長者要客氣和順

　　寫到這裡，我回想起自己少年時的生活。我有過少年人的經驗，所以我不責怪妳。我知道妳時時會沉不住氣，見到年長者的思想似乎有點笨鈍時，便會性急無法忍耐。我現在雖然很同情妳，明白妳的心境，但我已經經過了好多的生日，一大把年紀了，所以也很合適的被列入年長之輩。如果從這種立場來說，我也很同情年長者，並明白他們為什麼不願領受孺子之教。

　　因此我認為，妳最好是對長者客氣一點，和順一點，縱使有時妳十分明白錯在他們。妳若對他們客氣忍耐點，會得益更大，勝過妳自己表現學問見識所得到的。一個長者也許有朝一日會給妳很大的幫助，所以從長而論，妳最好還是保守些，不要逞一時之氣而自誤前程才是。

我現在是個年長者，但妳可看出，我還是袒護及同情少年人的。雖然這樣，我仍希望妳注意，有時少年人會因過於自信，以致深陷窘境而無法自拔。妳若明白自己有陷入這種極端情形的可能時，最好要多方防避，以免發生不愉快的經驗。

堅執己見自陷困境

我認識一家朋友，他的長女因為有表現「無所不知」的態度而遇到了很多困難。也許是媽媽對她從小縱容慣了，我見過她小時候就很會批評自己的媽媽。她對穿衣服常有意見，認為自己的意見比別人的好。

某次，我們去她家作客。當大家要一起去做禮拜時，她媽媽選了一件衣服，她不喜歡，離家前她還對媽媽說：「妳應當知道穿這件舊衣服去做禮拜很不合適。妳穿了這件衣服不好看！」在我們看來，穿那件衣服去做禮拜很合適，可是這女孩力排眾議，認為她的意見應當是最後的斷語。

我說她這種堅執己意不顧他人意見的態度，很不幸的是由她的媽媽縱容所致。她到了少女時，對待家人以外的鄰里親友也是像平常對待媽媽的態度一樣。她對同輩的女性朋友的關係也是如此，喜歡批評攻擊別人的意見，堅持自己的意見強過別人的意見。因為有了這種態度，她很難交到朋友，得不到同輩的歡迎，四鄰八方都知道她愛批評和堅執己意，很快的，她變成了不受歡迎的人了。

這個女孩好像還不知道自己的問題，反而變得更愛批評別人，並稱同學為笨蛋。她以為自己會給附近鄰里一個教訓，便說服父母

讓她到一所寄宿學校讀書。我猜她以為自己一離開家鄉，別人就會覺悟，覺得她以前所提的意見很對，應該被重視。事實上，我想妳們應早已料想猜到，她在寄宿學校的生活並不比在家鄉好。因為寄宿的團體生活有賴同學、師長之間的積極合作，才可能過得愉快。

可是這位女孩不是那樣的個性，除非迎合她意，否則她會拒絕合作。她才寄宿兩個禮拜，便對宿舍主任頤指氣使，好像她平常對自己的媽媽一樣。後來宿舍主任堅決執行學校的規章，不理這女孩的意見，讓女孩十分生氣，她在和同學談話中開始批評宿舍主任。起初，同學們還很同意她，不久，一個個同學都覺得宿舍主任並沒有錯，錯的是這位女孩自視過高，總認為自己的意見才是對的。

因此，這位女孩在同輩中又變成了不受歡迎的人。這種經驗使她很痛苦，因為她本來極希望能得到人們的讚美，並與她交朋友。但是，如果她不肯融合在團體生活中，消除自視甚高的觀念，以及表現尊重別人的態度，她是無法改善自己的情況的。

她如果繼續有這種不良的習性，日後無疑將成為社會的邊緣者，變得落落寡歡，孤芳自賞，以為「舉世皆濁我獨清」的怪人。幸虧，有位導師看出她的毛病，找她進行多次的談話，終於幫她看明白與人相處之道，及施與受的道理。最後才使她看出以前自我為是的態度是何等的自私與偏狹。這位導師的勸導使她如夢初醒，決定重振心神，從頭做起，建立一個新的個性，在與人相處上以基督教的原理為準則。學年終了，她回家過暑假，家人及親友都驚奇於她的大改變，大家見到她不像以前那樣自視「無所不知」的態度，便都樂於和她來往。

顧念別人權益

還有一件事使年長者不滿意少年，那就是他們的行動不顧別人。往往這種不體諒人的行動，是由於少年人缺乏思想所致。她只是想到自己的利益，看此為第一。這是很不對的，因為年輕女子如果想過成功的生活，非訓練自己也思及別人的權益不可。

某次，我出門去拜望一個老朋友。經過火車長途旅行，我計畫那天晚上在他家過夜。他在黃昏時到火車站接我，等到了他家，正好是吃晚飯的時間。他共有三個兒女：長子、年十七的次女及年十四的幼子。他的太太預備了一頓豐盛可口的晚餐，大家都吃得很開心。

飯後我朋友說，他計畫大家坐車去鄰近某城聽音樂會，音樂會是由著名的樂團演出的。不料，話還沒說完，他的次女立即提出反對：「爸爸，不行！我早已計畫了今晚要用車子。我和四個朋友還有老師，要去一個地方排練我們將在感恩節獻演出的節目。我已經答應她們要開車去的。」

這時爸爸覺得很為難，並提醒女兒，說她在事前並未商量過這件事。可是女兒堅持說現在改變她的計畫太晚了。我是客人，見機行事，只好盡力勸服老朋友，遷就女兒，老友於是不再生氣了。

本來我是客人，我探望他的目的是希望和闊別多年的老友暢敘一番。我自然歡喜和他在家話舊一夕勝過於參赴一場音樂會。但話又說回來，如果他的女兒不是只顧自己不顧他人的話，如果她能在答應師友之前，先和父母商量過，我相信當時就不會有這一番難堪的場面出現了。

還有一件事也是會使少年人和年長者起摩擦的，那就是少年人喜歡開玩笑的態度。年長的人並非不懂得開玩笑是一件樂事，不過他的人生經歷較豐富，一定先想到開玩笑之後可能有不幸的後果。少年人就不同了，不管三七二十一，先開心再說。其實，我們是不能怪年長者，因為他們有過許多的經驗，他們知道許多開玩笑的事常有不良的後果，因此他的態度自然不得不變得保守起來。

開玩笑可能發生不愉快

關於開玩笑可能發生不愉快的結果，我們從平日的生活經驗中已是屢見不鮮了，但我在這裡特別關心的卻是少年人如果養成這種態度，則在與別人相處及交朋友上，一定會有不良的影響，對她很不利。

在我們所住的羅馬林達 (Loma Linda) 這個地方，郵局是在商業區的中心，郵局的兩邊商店林立，在前面的人行道上有許多行人來往，而在郵局的一邊有一條郵車專用的通道，是給開進開出的郵車裝卸郵件的專用道路。

某日下午，學校放學後，有一個少女（她的爸爸和我很熟）開車闖進郵車進出的專用道路，又把車開上人行道上，把人行道上的行人嚇得紛紛走避。她開著爸爸的舊車，載著班上的同學，由於是剛下課，她便到這裡來和路人尋開心，把他們擠在人行道上而歡笑一場。

幸好她這場冒失之極的玩笑，並沒有傷害到任何人。然而雖然無人受傷，但這女子的名譽已有重大的損失。由於她的過分開玩笑，輕視正理及安全，當地各界人士一提起她都大搖其頭。

　　我提起這些小毛病，目的要幫助妳注意自己的言行，以便能與年長的人歡洽相處。一旦妳明白他們為什麼會有那種反應，妳就會更諒解他們。年長的人除了人生閱歷較豐富，學會老成持重外，他們和少年人原是沒有多大的分別。少年人與年長的人若能彼此了解，就可結成順適的忘年之交。

良好的談話藝術

　　我還想提一件事，應該可以幫助妳讓人有良好的印象，那就是良好的談話藝術。談話不但可以交換彼此的心意，同時也使人鑑別談話人的性格。談話是人生活動的一個重要部分。妳若能留心自己對別人說話的態度，就可得到人們的稱讚。

　　某次，我在火車上聽到對座兩名婦女正忙著談話。其中年紀較長的一位，一直講不停，簡直是一面倒的局勢。她熱心的談到最近所經歷的事。當時我特別注意這兩位婦女的臉部表情，那位一直說話的婦人，容光煥發，越說越有精神，較年輕的婦人則顯出討厭和不耐煩的神情。

　　我一邊注意她們，一邊心想：「這個喋喋不休的女人，真是太那個了！」不錯，人都喜愛說話，尤其喜歡誇耀自己的經歷，然而不幸的是，在許多談話的場合，往往是一方高談闊論自己感到興趣的事物，對方感覺像是被疲勞轟炸，毫不感到興趣，口裡雖是唯唯諾諾，心中卻想找個機會展開反攻。

　　也許妳從來沒有想到談話中的這種局面吧！但妳今後且注意觀察一下，就可以看出這種人性的表現了。

讓別人有機會發表意見

關於這件事，有一項重大的原則是我們應當運用的。每逢與人談話時，切記應當給別人機會發表他所感興趣的事物，這樣可以給他一個極大的快感。當然，妳喜歡抓到機會暢說妳感興趣的事物，可是我們也應當思及，談話乃是一個交友的機會。這個機會極重要，比妳發表心意的快感更重要得多！因此妳應當機警的善用這個良機，勒住自己的舌頭，傾聽別人的談話，這正是交友的祕訣。妳若學會這套功夫，就會使這場談話對妳有利。妳若能讓別人多說點話，他就不會忘記這場談話是非常的愉快。他既記得這場愉快的談話，自然也就不會忘記了妳，並由此聯想到妳所給他的良好印象，而樂於與妳結交。

談話想要給人好印象，原則很簡單，只要妳肯付出，犧牲自己發表心意的機會，讓別人有機會說個痛快，他一定會覺得妳十分可人，從此喜歡上妳。

這個策略雖甚平易，但在實行時應有點藝術。妳不能坐在那裡像啞吧一樣，以為光聽他發表意見就可使他得到好印象。如果妳不表示自己對他所說的事物真的感興趣，毫無表情反應，反而會十分尷尬，使對方難堪。

也許妳會說：「假使我對他所說的真的不感興趣，怎麼辦？」我的回答是，如果妳肯用點時間訓練自己，就可使自己對各種談話都會有真正的興趣。只要妳在他談話時，說一兩句問題，表示一點意見，略示欣賞他的談話，就足以表明妳感到興趣了。

我記得自己怎樣和一個牧童發展友誼的經過。那個牧童馳騁奔

放的故事，有趣極了，我寧願聽他述說故事勝過閱讀一本書。我們幾次談話後，牧童提到了一個很有意義的意見。他說：「你知道我有過很多經驗，關於牛羊的生活也懂很多。可是很多人不大注意我所說的話，所以我學會了閉口不言。現在你既然與眾不同，我也就樂得與你談談。」這個朋友的反應正像許多人一樣；因為我肯傾聽他的話，他便樂得與我談話和交友。

　　妳學會變成一個好的傾聽者，不但會給人美好的印象，而且不久後，因為妳已學會了留心觀察人們的談話態度，會使妳對人們發生新的興趣。此外，妳從留心聽人述說經驗與意見中，也學了許多的事物，增加了許多的學問。妳自己的興趣既廣且博，就可使妳的人生美滿，在社會生活上充當活躍的角色。

　　總而言之，交友並非難事，反而是人生一大樂事，所謂「樂莫樂兮新相知」。尤其是少年人的生活，交友最重要。如果交到好朋友，可時時有許多的便利。

　　關於交友，本章只提到幾個簡單的原則，而且全在通達人性而定。提起人性，倒真是最令人迷惘的東西。

如何成為受到朋友重視的人？

如何與朋友建立相互鼓勵成長的好關係？

如果父母要求妳與某位損友斷交，妳會怎麼做呢？

12 朋友的影響

for Teenage Girls

成長過程也包括許多友誼的發展在內。妳現在進入了少年時期，對友誼比以前更看重。當妳幼小時，有許多的玩伴，妳很喜歡他們。然這多少是時勢使然，妳既未曾費心去找他們做妳的朋友，他們只是和妳同輩的孩子，和妳一起上學，一起去教會做禮拜，或碰巧住在妳家附近，成為妳的鄰居罷了！

少年時期的妳，對朋友自有一番新想法，這大半是因為年紀大了些，自己也會選擇一些志同道合或氣味相投的人做朋友，而不是像以前那樣，隨時碰在一起的人都算是朋友。

受朋友的影響極大

當妳的人生經驗較成熟時，就會更愛護同輩朋友的友誼。妳尊重他們的意見，會聽別人的意見而決定自己的服裝，對教師的態度會受朋友的態度所影響。實際上，少年時期的妳，幾乎一舉一動都有形無形中受到朋友的態度及反應所影響，且比家人所給妳的影響更大。

妳這樣重視朋友，是十分自然的事。當妳的朋友歡迎妳時，妳便高興，覺得自己的個性日近成熟，已有令人滿意的發展。但如果有時朋友不贊成妳的服裝、態度及行動，妳就覺得傷心難過，並設法調整自己的生活，以便重獲妳所敬愛的朋友們的歡心。

妳對家人以外的朋友日益重視，這原是日後可離家獨占生活的初步過程，顯示妳已到了一個表明自己能與人相處的年齡。妳如果能得到同輩朋友的歡迎，就足以證明妳以後與別人也會順利的相處。

渴望社交活動是天性

　　妳會自然渴望著社交的活動和友伴。一個人到了少年時期就會開始這種渴望，這是一種性格覺醒。全能的創造主在人的心中，設定了這個需要伴侶的念頭，祂認為「人獨居不好。」（創世記2:18）妳在少年時期有了這種社交活動及結識友伴的興趣，是為妳未來自己成家奠下初步基礎。眼前的社交活動只不過是一個結識其他人的機會，使妳可以聰明的選擇一個合意的終身伴侶，日後可以和他結婚。

　　在少年早期，妳的社交興趣僅以其他女子為限。妳看重她們的友誼勝過男孩子的友誼。也許妳已有了一個或一個以上要好的女性朋友，來往很親密。妳當然會和她論及許多妳們感興趣的事物，同歡樂，共憂苦，一起讀書，一起遊戲，喜歡穿一樣的衣服，喜歡去同一個地方，討論未來的計畫，甚至談起了不輕易對別人談起的私事。

交往廣闊，益處更大

　　妳如果夠聰明，就不要讓自己只交一個親密朋友，而棄其他女性朋友不顧。妳向一個好友推誠相與，共同出入遊息，這並沒有什麼不對，但如果因為和她親密而剝奪了與其他同輩女友的交往就不好了。妳如果交遊廣闊，就必更有益處。結交的朋友多了，可增加妳的待人處事經驗，可使妳日後在各種不同的環境下都能與別人和平滿意共存。換句話說，如果妳單單結交一位密友，而不知和大群的人發生友誼，恐怕日後妳有變成孤獨自私的危險，凡事只知有

己，不知處處為人著想，更不會設法幫助別人。

　　藉著與較多的女友來往，妳的個性就可經過一番切磋琢磨的功夫，把粗糙的稜角修削平滑。少女們的彼此相交多半是坦率、純潔。她們見妳有一點古怪，便直接告訴妳，給妳機會修改這些令人不快的習慣。這種「施與受」的過程是健全的，可以讓妳更和順，減少神經過敏。

　　到了後來，妳交友的範圍漸廣，除了有同性朋友外，也會有異性朋友，而且最後竟會有一個男孩子向妳特別表示關心及獻殷勤，妳也很中意他，看他比別的男孩子更可愛、可親。

　　當妳初次經驗到一個男孩子對妳特別關心時，妳會很大方、很坦白的和妳的親密女友，或幾個女孩子談論這件事。她們或會發表贊成或反對的意見，贊成的話，妳就很放心，對這個新生的友誼更表興趣；如果反對，妳為了保持女友們的好感，不得不忍痛割絕這新生的友誼，否則就得設法說服她們，使她們對妳的男朋友重做正確的評價。

發展特別的友誼

　　結果，在少女的後期或雙十芳齡前後，妳會和一個男孩子結下一層較深的友誼，勝過妳對親密女友或其他女子的友誼。到了這個階段，妳會不顧女友們的反對，繼續妳所愛的男孩子的友誼。這正表明妳的心中已另有對象，並且已到了準備建設自己的家庭的時候。究竟妳將來是不是要嫁給他，那還得要等待時間來決定。但這種改變心儀對象的事實，卻表明妳已到了一個可以將

芳心寄予未來丈夫的時候了。

我們在前面已討論這些友誼的過程與結果，現在再回過頭來討論關於這些友誼的價值和意義。

妳已經注意到，建立成功的友誼主要是忠心。在少年人的心中都很明白這種忠心是什麼意思。妳重視女友們的意見，事事極望她們的贊成。但如果她們有人反對，妳也會設法找出她們反對的理由而予以改善。她們如果贊成的話，妳就會覺得更安心。

迎合朋友的意見

妳總記得自己初著新衣的經驗吧！穿好新衣後，先急著要徵求朋友的意見。如果她們讚美了，妳以後就會很愛穿這件衣服；如果她們批評幾句，說什麼顏色不好、材料欠佳、樣式難看等，妳就不會喜歡這件衣服，只會把它留在家中隨意穿穿，不肯在熱鬧的盛會中穿它了。

至於其他事也是一樣，妳會因為迎合朋友的意見而儘量修改自己的意見及行動。朋友如果是勤學好問之流，妳也會用功讀書。朋友恭喜妳得了好分數，妳就會更努力，設法在各門功課都得到好分數；如果朋友喜愛遊玩，不用功讀書，妳也會跟著荒疏課業。如果她們見妳得了好分數而笑妳，說妳是「書蟲」或「書呆子」，妳就不會再想得好分數，甚至今後只想得到低分就好了，藉以表示自己和她們一樣。

這種追求朋友稱讚的心性，對妳的人生很重要，甚至能改變妳對宗教信仰的態度。如果朋友熱心宗教活動，妳便會更積極參加，

視為無上樂趣；如果她們的信仰冷淡，妳也會有漸漸退後之虞。

應當慎重擇友

少年人受朋友的影響有時會比父母更大。妳的行為、態度、理想以及品格的發展，無不深受同輩的影響，所謂「近朱者赤，近墨者黑。」這句話可說明慎重擇友的必要。

平常少年人追求朋友的歡心，反使父母覺得兒女開始叛逆反動。其實少年人並沒有這種反對父母理想及意願的存心，不過在父母的意見與朋友的意見互有出入時，他們順從朋友的意見會勝過父母，甚至放棄父母的重視，而求朋友們的歡迎。可是這種犧牲卻是危險的，這樣一來，她也會很容易做到和良心謀妥協，或是委屈良心而順從朋友意見的地步。

也許妳會問：「我應當怎樣辦呢？我希望得到朋友的歡心，但也想行正當的事，以發展正當的人品及性格。可是當朋友們堅持我應當改變行動時，我更容易隨眾而行，不願受他們的批評。」

交品學兼優的朋友

妳這個「當怎樣辦」的問題，答案與妳的慎重擇友而交有關。在交友之初，妳應當明白她們對妳有長久的影響，會決定妳人品及性格的發展。妳交了朋友，就是把自己的未來前途委託給她們。妳既然這樣重視她們，她們的人生簡直就變成了妳人生的一部分，因此，妳應當慎重選擇朋友，這件事極重要。妳應當與品學兼優、人格高尚、興趣優雅的人交朋友才安全。

結交的朋友應能聲氣相投，志同道合，才可彼此投契歡洽。因此，在結交一個朋友之前，妳當問自己：「我喜歡自己也變成她這種人嗎？」只有答案是「是」之後，妳所要建立的友誼才能使妳安全妥當。

　　如果妳再問：「我鄰居附近的年輕人，都是和我父母的觀念不合。她們看我的父母是老古董，又因為我不能完全照她們歡喜的去做，所以他們也看我是個怪人。請問，我在這種環境下怎能找到理想的朋友呢？」

　　妳的處境如果真是這樣，妳的問題就很難了，然而這也不是沒有辦法。聖賢說過：「毋友不如己者。」意思是不要和品學標準比妳更低的人相交，以免影響妳的品學向下。不錯，妳是需要同輩年輕人當朋友，但如果鄰里附近都沒有合乎很理想的好朋友時，不如到一間學風優良的寄宿學校讀書，也許在那些環境中可以找到志同道合的好朋友。

別和信仰不同的人深交

　　在決定宗教信仰時，交友的關係更大。如果和信仰不同的人做了親密朋友，往往會使妳改變信仰的標準，來迎合朋友的信仰。妳在這事上應當特別小心，切切避免和信仰不同或敗壞妳信仰的人們發生深切的友誼。

　　在寄宿學校，同學們雖說和妳的信仰相同，但很多人的信仰觀念未必像妳那麼崇高，所以在擇友上妳還是得十分小心，不可隨便結交。

謹慎交友，並非是驕傲擺架子。善於擇交，不但令妳眼前得到益友之樂，也使妳的前途無量幸福。一旦交了朋友，妳就會與她同化，別人也會覺得妳與妳的朋友是同類。到了結交異性朋友之年，男人們更是抱著「觀友知人」的態度，看妳所結交的朋友來論定妳的人品。如果妳的親密女友們的品格高尚，他們會想妳的品格也是高尚的；如果妳的友人們是散漫無理的人，他們也會覺得妳是同類的人。因此，從妳所交的朋友上，也可決定妳將來所能吸引的男人是怎樣的人。

妳將來的朋友大半是由少年時的玩伴中選出，所以妳現在要交的朋友，便不能不認真注意。

也許妳問：「我怎能預知誰是值得深交呢？」如果妳住在家中，可以做一個很滿意的試驗，足以幫助妳解答這個疑問。我想妳的理想可能與父母的理想相同吧，最好計畫請妳所疑問的男友或女友到家中。如果朋友覺得在妳家很大方、自然、安適滿意，也很受妳家人歡迎招待，這種人可以繼續和他交往。但如果朋友不願拜望妳家，怕見妳的家人，在談話時還透露批評妳父母或家人的意見，那麼他的理想就比妳的標準更低了。

向年紀大的人請教

如果妳是學校的寄宿生，妳需要別人幫妳選擇朋友，這時，不妨向年紀大的同學請教，或是從妳所敬重的教師中坦白討論妳所要交的朋友。我想她們既然可以作為妳的老師，一定會樂於助妳一臂之力的。

有些年輕人自命善於擇交，不願向人請教。但我知道有很多人因為謙卑請教，多與年長有經驗的人商量。結果成績甚滿意，比別人更快樂。

　　妳有一塊美麗的布料，一定會毫不猶豫的先和別人商量，請教哪一個裁縫師的技術最好。妳一定要找一個手工好，不會糟蹋布料，製成後不致令妳失望的裁縫師來做，對嗎？處理友誼比處理布料更重要，因為這是與妳的性格及人品大有關係。生命只有一次，不能重來，妳這一生是否美滿快樂，大半要看妳所選交的朋友如何。那麼，在結交之前，如何不慎重先請教人，豈不是更好嗎？

　　也許我已給妳一個印象，使妳知道朋友在妳身上的影響是何等重要，這樣妳在選擇朋友上便會更特別小心。現在我也要特別請妳注意一件事，那就是妳自己對朋友也有很大的責任，他們也可以從妳身上得到重大的影響。結交朋友雖屬樂事，但責任也甚大。妳如果能鼓勵她們上進及成功，她們也會使妳更喜樂滿意，而與有榮焉。妳不可單單期望從她們身上得到益處，要她們來幫助妳；妳也應當負起朋友的責任，時時幫助她們，使她們得到滿足與喜樂才是。

豐富的想像力會帶來什麼好處及壞處？

想像力能幫助我們預先模擬未來情況的發展嗎？

妳能將白日夢化為可以成真的夢想嗎？該怎麼做？

13 想像力

for Teenage Girls

在日常所用的詞彙中，最有趣味的兩個字就是「假如」。這兩個字給我們的精神活動方面開啟了一道令人想入非非的大門。當妳說：「假如我是一個女王」時，妳正是從這道幻想之門的門縫中看進去，看到妳自己在萬事隨心所欲時的情況是怎樣。差不多在每次異想天開時，妳的思想都是由這「假如」兩個字為出發。

我們且拿這兩個字來實驗，然後再來討論這個實驗的結果。

「假如」媽媽對妳說：「我今天要叫妳奇怪一下。我們有一個財主的朋友，他要我帶妳到街上去，隨妳想買什麼衣服、鞋帽、手套及皮包等都可以，全部由他付錢。」

妳和媽媽上街了，到妳喜歡的百貨公司，走進服裝專櫃，挑了幾套妳最喜歡的衣服，試穿後對鏡自盼，覺得合適滿意，只需稍微修改，店員負責替妳辦好。

隨後妳到服飾配件專櫃，選了一頂中意及配合妳剛才選購的衣服顏色的帽子，接著又選購皮包和手套。皮包很容易挑選，手套比較麻煩，必須顧及顏色及大小。等到買好了一雙滿意的手套後，妳又到賣鞋部去挑選一雙妳最歡喜的鞋子。

買好鞋子後，妳又回到樓上服裝部。店員已經修好了衣服，交給妳。妳和媽媽在走出百貨公司大門時，手上提著幾袋剛買的東西，興高采烈的回家。回到家，立刻把選購的東西一包一包打開，試穿一番，全身煥然一新。「馬要鞍裝，人要衣裝。」一經新裝打扮，妳看起來完全不同往昔。此時妳心中充滿的快樂滿意，實非言詞所能形容！

當然，根本就沒有這回事，因為我們在一開始便是以「假如」開頭。但妳在聽我講述這件事時，妳腦海中卻有充分活潑的想像力，甚至聯想到許多我所沒有提起的枝節。例如：我沒有提過那一天的天氣是晴或雨，但妳的腦中卻可能想像到那是一個風和日暖的可愛日子。我沒有特別提到妳買的是夏裝或冬裝及衣服的色彩，可是在妳的想像中卻有了夏裝或冬裝的印象，以及選定某種的色彩——藍、緋紅、黃、白或黑色。還有我們所提到的幾件東西，鞋子、帽子、皮包、手套等，妳也有心中所選定的顏色。

　　為什麼我們沒有提過的這些枝節，竟會在妳的腦海中出現呢？原來我們討論的都是對妳有興趣的事物，因此妳便能根據以前的經驗及知識，設想妳所中意的情景。在妳想像下，便把妳個人向來喜愛的成分投射進去，這樣就使這故事更動人可愛。如果妳特別喜歡藍色，妳便會想到故事中的那件衣服是藍色的。這又有什麼不可能呢？

想像是由記憶而來

　　想像就是這樣，可以隨妳當時的心意而更改，不會叫妳失望，妳也可以改造它來適合任何的情景。人們之所以愛想像，原因就在於此。

　　也許妳要問，在想像時，腦中哪來這些意境？原來這些枝節都是妳已往的經歷、記憶或聽聞事情的片段。那富有伸縮性的想像力，就像針線把一盤散珠串聯起來，照妳心意所喜歡的排演出來。

　　這種能領導人的思想隨心所欲的想像力究竟是什麼？原來它是

妳日常思想的一部分，而且是和妳腦海中的其他想法大有關係。想像並不是一種實際的經驗，只是一連串的記憶混合而成。

　　人類真是萬幸有此想像力！如果運用適當，能領導我們的思想隨心所欲，這的確是一部分重大的資產。例如：一個成功的服裝設計家必須是一個富有想像力的人。她不是只坐下來依樣畫葫蘆照著樣張剪裁，她必須先用想像力在心中構成一幅新式設計的圖案，然後把這意境中的圖案描畫在樣張上，最後才予以剪裁。如果沒有先想像意境中的新圖案，她是絕不會有新穎的設計。

　　我曾到過一家著名的大旅館參加一場大會。看到旅館走廊上的各種布置以及色彩的調和，實在令人不能不異口同聲的讚美那位內部裝潢的設計者。他一定是一個想像力非常豐富的人，否則不能把這麼多的陳設布置得這樣美妙。

先有想像後有設計

　　一個作曲家必須在想像中能夠聽到自己所寫的歌曲的新調，任何從事創作工作的人，也必須在他實際的成就之前，先有一番想像才可下手。

　　各種事業都需要豐富的想像，尤以畫家更是如此。我認識兩位畫家，他們很有本事，可以畫出各種美麗的圖畫，色彩調和，結構勻稱。其中一位想像力很豐富，另一位則較差。妳當然可以猜到前一位是較好的畫家，因為他可以有創造性的作品，而後者則無創作力，僅能把所見到的照樣摹繪出來，他必須先見到風景才能畫出風景畫來，同時在他的畫中也毫無人性及情感的表現，不像有想像力

的畫家所畫的那樣。成功的美術作品，不單在乎能用筆及色彩的本事，而在乎有創作巧思的想像力，把想像中的情景活靈活現的搬到畫布上。

　　活潑的想像力給人的益處很多很大，實有過於服裝設計，室內裝飾家及畫家所貢獻的。縱使妳不是藝術家，還是需要豐富、活潑的想像力。

想像力幫助你下決定

　　想像力的重要功用之一，就是幫助妳做出主要的決定。假使妳到了要決定終身職業時，想像力就可以幫助妳做抉擇。不錯，也許妳的最終目標是要當賢妻良母型的主婦，然而在妳未嫁成家之前，妳最好能受某種教育或訓練，不但能婚前自食其力，婚後如果環境需要的話，仍然可以以此職業維生。假使妳在選擇職業時對教師及護士兩個工作都感興趣，但究竟要選擇哪一個，可使妳得到最大的滿意呢？

　　要做重大的決定，最好運用妳的想像力，先想想自己已做了某種職業的情形，然後再用想像力改換另一種職業，想像到自己從事另一種職業時的情形。然後在腦海中再把想像到的兩種情景拿來比較，再決定最中意的是什麼。

　　比方，妳現在要從教書和護士職業中決定其一，第一步是先蒐集各種有關這兩種職業的資訊。如在學護士之前，應有什麼程度？學護士要多少年？護士畢業後可以得到何種工作？一個登記合格的護士有多少薪水？如果可能的話，認識一兩位登記合格的護士，問

一問她們對護士工作有何感想。或者妳從旁觀察她們的工作，以便決定自己是否歡喜這種侍候病人的工作。妳也可看出護士所得到的最大滿足，就是自己有機會減輕病人的痛苦、增加他們的勇氣。

然後再對教書的工作也下一番同樣的調查。看一看師範學校的課程要讀幾年，要當教師應有些什麼條件。妳已經入學多年，接觸過許多的老師，觀察了他們的生活，便可決定自己是否喜歡這門職業。妳先儘量蒐集有關這方面的材料，並查明普通教師所得的收入多少，在放暑假時有否工作，以及對某些科目有否特別進修的機會等。

等到妳把兩種職業的各種情形都做了初步調查之後，就可運用想像力，先假想自己當老師的情形，再假想自己當護士的情形。做這兩種假想時，不妨自問：「我歡喜這種職業嗎？」

想像未來的生活

你如果運用豐富的想像力，把所蒐羅的材料隨意整理一番，差不多就可以幫助妳明白未來日常生活中可能經驗到的各種甜酸苦辣的滋味，或得意或傷心，以及每種職業的優劣得失了。

妳還可以運用想像力，預料自己未來的身價。藉著預先對前途做比較，妳便決定哪一種的訓練（教師或護士）對妳的主婦生活最有貢獻。妳可以想像到，將來也許有一天，由於命運的支配，叫妳不得不放下主婦的工作，繼續操執這種職業，妳也可以想像到自己生平一度操執這種職業所能得到的報酬後果。妳會想到自己的職業，首先對父母有何影響，其次對學生有何影響。妳可以想像中聽

到許多病人因為妳的服務，解除他們的病苦，而向妳發出感謝及讚美的好話。妳也可以在想像中見到自己辛苦教出來的學生，有偉大的成就而感到榮幸愉快。妳甚至在想像中可能聽到一個昔日的學生說，「我若不是在班上受妳的影響，今日就不可能有這樣成功的地步了。」

想像與白日夢

這樣，妳用想像力把未來的各種生活及成就做了各種的比較之後，就可以幫助妳決定選擇有最大貢獻的職業。雖然如此，我們對於一切好事都應當避免趨於極端，關於想像力的運用，自然也不能例外。想像是很有興趣的，可是有時也會使妳想入非非，坐在那裡做白日夢。過分濫用想像力，與愛做白日夢的習慣很有關係。

少年時期的生活光彩有趣。妳見到許多人所做的事是妳自己也喜歡去做的，但妳卻無法自己樣樣都做下來，因此妳便運用想像力去想像那些引妳入勝的情景，自屬比實際苦幹追求更容易得多了。何況這是一場兒戲，不費代價便可探其究竟。

一個少女經常會把本身當作白日夢的主角。誰也不曉得她在想些什麼，因此也無人能批評她，或責她是自私。她既然實在喜歡這樣，有誰能夠攔阻她，而不讓她有這種享受的機會呢？

白日夢是真實個性的索引

在這裡有一個重點是我們應當考慮的。既然白日夢很可以代表妳心中所愛過的生活，而且白日夢也能很準確的表明妳的內層個

性；那麼，如果在白日夢中，妳覺得所做的事是有違良心的話，就當格外小心，因為這正是給妳一個自省的機會，檢討那些足以使妳蒙羞的事。曾經有人這樣說：「只要把妳的白日夢告訴我，我就可以知道妳的品格。」正說明了一個人的想像乃是其真實個性的索引，比他的實際行動更易查明。

年紀稍長的人，往往對某些經驗會發出驚奇的話說：「這正好是我多年來所夢想的！」不錯，有許多人在少年時期所夢想的空中樓閣，到了中年以後成了事實。因為他少年時期的想像，已經說明了他喜歡的是什麼。時日推遷，隨著機會的發展，在做各項重大的決定時，更會自然而然的照著自己個性的愛好而定。

因此，妳在少年時期的白日夢，可算是妳未來生活的良好說明，我不厭煩重述一遍，如果妳的白日夢是健全的，妳的品格也會有良好的樣式。反之，如果妳的白日夢的內容是羞愧不可告人的，那就在妳的品格形成過程中，一定有些難題是妳應當奮鬥的。妳應該努力奮鬥，切切不可自滿，直到把這難題徹底解決。

逃避現實的白日夢是有害的

有些少年人過度喜歡做白日夢，整天胡思亂想，不務正業。他們這樣喜愛做白日夢，因為他們在日常生活工作中沒有得到其所應得的喜樂與滿足所致。

假使妳在學校的功課不好，假使妳的分數不好引起老師的責難，又假使妳覺得自己在同輩男女朋友中不受歡迎，在這樣的環境下過生活，不會得到順心如意的快樂。對這個難題的正當解決方

法，本來是要找出困難的原因，設法改變這種環境，然而少年人竟輕易自忍著說：「那又何必呢？如果我當了教師的話，我就可以隨心所欲而行。」有了這種心意，便開始做白日夢，想像自己有朝一日當教師，對全班學生發號施令，真是多麼有趣！或者妳也可以開始做這樣的白日夢：「假使我很出風頭，也能買美麗的衣裳的話，我就要怎樣做……」

　　從這一點我們就可以知道，如果空中樓閣的白日夢使人終日想入非非，一味逃避現實的生活，實在是危險之舉。何時白日夢做到了代替人的現實生活的地步，那個白日夢就劫奪了人的進取之心，不肯調整環境、不喜利用機會以求成功了。

　　偶而一次做白日夢，固然不至於使妳此生受禍，註定妳非失敗不可。然而若是妳做白日夢的時間太多，喜歡孤居獨處，以便有機會建起空中樓閣，那就有危險了；因為妳已讓胡思亂想來剝奪了妳應從改善環境及解決困難中所當得的真正成功之樂。白日夢雖然好玩，人生本身也很好玩。真正的成功之樂，則比空中樓閣中所給人的片時陶醉，更令人滿足多了。

妳曾經過度沉迷某種興趣而荒廢該做的事情嗎？

請分享沈迷某種興趣帶來壞處的經驗。

妳認為過度沉迷某事是使人變成宅男／宅女的原因嗎？

14 沉迷在幻想中

for Teenage Girls

　　在前一章中，我們提到畫家必須有豐富的想像力，才能把自己的心意表達在畫布上。不但畫家如此，寫作的想像力也是非常重要。然有些作家過度運用想像力，使作品像是自己的白日夢一樣。在某方面而言，小說家只是一個白日夢者，用巧妙有趣的寫法，把自己的白日夢發表出來，抓住讀者的注意罷了！

　　小說家把白日夢發表後可得到報酬，然其影響之深，對讀者無疑也正等於他們在做白日夢。白日夢不論是自己創作的，或是別人盤下的二手貨，都有使人離開現實的生活，想入非非的作用。有此重大原因，所以我們不贊成閱讀小說。

　　愛讀小說的人，往往會把自己認為是小說中的某一角色。有時會不知不覺的自言自語：「這好像是我所經歷過的一樣。」這樣就抓住了他的注意。其實，小說是出於作者的幻想，不能代表真實的生活，讀者若把自己投射於小說中的某一角色，是毫無補的。

　　我認識一對夫婦，他們曾經去非洲擔任傳道工作。妻子從小喜歡閱讀幻想小說，小說癮很深，她覺得日常生活淡然無味，只有看小說才是人生最大的樂事。

　　我想教會顯然是不大認識這位婦人，否則絕不會差派這對夫婦去遠方。這位妻子對國外生活的種種難題並不關心，對做為傳道人妻子的責任不明白。她所關心的是看小說，習慣在小說家所虛構的幻境中過生活，比對非洲當地人民的生活福利更關心。

　　在她動身遠行之前，也許妳以為她會留心研究此去如何能夠幫助當地的人民！但妳猜錯了，她忙碌的竟是尋找及選擇許多幻想小

說類的書籍。她希望帶上許多的書籍，夠這幾年在國外佈道期間的閱讀，因此一個大行李箱中幾乎裝滿了書。

這對夫婦到達了目的地後，丈夫忙著傳道，妻子醉心於閱讀，過於實際的生活。她把自己埋在書堆中，很少出來與人見面，對當地教會的同事也不大來往、認識，她本來應該留心服務的當地人民就更不必說了。

她雖然帶去了一大箱的書籍，可是閱讀速度出乎她的預料，不到兩年多的時間，就把由美國所帶去的許多書籍都看完了。危機終於來到，她讀完了那些書，便覺無聊，對傳道人妻子的職分更覺得味同嚼蠟。她以前沒有預備自己去面對現實生活，她向來所得到的大滿足，就是閱讀小說。

我想妳差不多會猜想到這件事的後果！這位傳道人的妻子在讀完了帶去的書之後不到幾個禮拜，已覺度日如年，非常不快樂，最後教會把他們夫婦送回美國。這位妻子不能善用機會獻身服務人群，主要是因為她養成了沉迷小說的習慣，遠離現實的生活，在小說家所虛構的幻境中流連所致。

閱讀幻想文學，浪費寶貴時間

關於閱讀幻想文學書籍還有一件值得重大的考量，就是要花費許多寶貴的時間。閱讀小說所虛擲的光陰，本來可以做各種有利的用途，如研究、工作、運動……等。愛讀小說的人，往往以消遣為唯一的藉口；然而消遣到了此種沉迷的地步，礙及人生正務，費時失業，那就真是一件嚴重的有害無利之事了。

　　人生苦短！等妳過了少年時期就會更明瞭這句話的意義。妳現在看人生好像是沒有盡頭一般，因為妳的興趣及雄心還是指向著將來。妳的人生幾件大事還沒有到來，等到一過少年時代，妳就會開始覺得韶光一去不再來。

　　將來的福樂繫於妳將如何服務人群而定。這種服務的本事，更有賴於你青年時期所受的良好訓練。由此可見，妳的青年時期就是妳一生最寶貴的時期。如果不善於運用這幾個年頭，準備未來的生活，這種損失是永遠無法完全追補的。言及於此，年輕人如果養成了愛讀小說的習慣，容易浪費許多寶貴的時間去閱讀作者無聊的白日夢，那是多麼可笑又可惜的事！

　　我們應該面對現實的人生，學習利用各種機會去進德修業，切不可虛擲那一去無可挽回的光陰於無補人生的消遣才是！

影響個性發展

　　閱讀幻想的書報或網路小說，多半是在孤單獨處時，沉迷這類文字的人，對周圍的事物必感模糊渺沌。從發展個性方面來說，這是很不健全的，因為光陰在孤獨中消磨掉，剝奪了與他人交遊、學習為人處世的機會。為人處世的經驗，是人生重大的學問。多與同輩朋友交往，可得無窮之益，幫助妳明白施受取捨之道。如果少年人坐在舒適的安樂椅中，埋頭於稗官野史之內，怎能同時發展與人相交之技能呢？

　　幻想的文學多半是富於刺激性，作者故意如此，藉以維持讀者的興趣，使讀者能讀完整本書。事實上，有些雜誌刊登的連載小

說，目的就是要讀者入迷，不得不買下一期的雜誌，以便知道「故事的發展如何。」在一篇興奮緊張之處，來個「且看下回分解」，勾起讀者希望知道結局的念頭。

浪費寶貴的精力

這種刺激緊張的因素，在各種文學小說中都有，不只是報章雜誌上的長篇連載如此。少年人如果把自己比做故事中的某一角色，逐章逐回搶讀下去，想要知道究竟如何，這樣就自然而然會耗費掉他大量的神經精力。算起他每日每週每月所虛費的許多時間，可見他所浪費消耗的經神精力是何等的大。如果將時間用在有益的事情上，這同量的精力便可使他在學問和事業上有驚人的成就。

進一步來說，在閱讀虛構故事時，那些趣味、刺激的成分使讀者行雲流水般的跟下去，用不著聚精會神，也不必自制自約。唯一需要的是在必須睡覺或必須應付約會時，才不得不罷手。愛讀小說的人，他的注意力大受損，很難集中意志。對稍為硬性一些的實際文章讀不下去，縱使是很想一試，也是無法讀完。

我認識一位中學教師，他對學生說，如果學生愛閱讀小說故事之類的書報，就很難在物理、化學及數學等科目上得到好成績。他會這樣說是因為他知道，人若要研究這些科目，必須聚精會神才讀得下去。少年人若養成了愛看小說的習慣，容易失去集中精神閱讀的能力，除非是故事動人，使你不知不覺中讀下去。

有人說：「開卷有益」；也有人說：「學問是由博覽群書得來的」。藉著閱讀，可以使人知增識廣，但這是指良好的書報及文

學。它們大多是根據事實報導及提倡高尚標準的文字描繪。至於稗官野史，傳奇小說、言情小說等，就有害無益，自當遠而避之。文學及書報就像音樂、電影一樣，有好有壞，若非善予鑑別，可能貽害無窮。

　　本章撰寫的目的就是要警告妳應當及早遠避那些幻想小說，免得終身受害。至於增廣見聞的、提高理想及根據事實而著寫的優良書報文學，則應鼓勵自己常常閱讀。

哪些是保證人生成功快樂的準則？

請分享誠實帶來的美好經驗。

妳認為堅持公義、愛打抱不平能贏得他人的尊重嗎？

15 妳的態度

for Teenage Girls

也許妳從來沒有抱病住過醫院。如果有，妳或者會奇怪那些照料病人的護士，怎樣會那麼井然有序的工作。要照顧的病人很多，但一個護士竟能在一定的時間，照醫生的吩咐給病人服藥及治療？她每次都是照醫生的處方給病人一定的藥物嗎？

要回答妳的問題，我們先得簡單的提到醫院的規定，這是為保證醫生的吩咐每次都予以準確地執行而設立。這規則要醫生把病人所要用的藥物寫在病人的表格上，註明是什麼藥、什麼分量及服用幾次等。

在規模較大的醫院，都派有一位護士在藥局（領藥處）駐守。到了某一病人要吃藥時，那個照料病人的護士便把醫生在病歷表上的處方抄一份，再交給藥局的護士。藥局的護士便照醫生的吩咐配好一定的藥量，照著醫院的規定，她還必須確認藥瓶上所標示的名稱是否與醫生所開給病人的相同。這樣，她就是把那瓶藥名看過兩次了——第一次是拿下藥瓶時，第二次是放回藥瓶時。照料病人的護士到藥局的窗口，領給病人配好的藥。在領藥時，藥局的護士告訴她是什麼藥，然後照料病人的護士又把藥物和醫生在病歷表上的處方再核對一次。

一個成功的護士必須小心實行醫院的規定之外，醫院還有許多別的規定。我們單從這拿藥的規定上，便可看出這些規定是多麼重要，因為它有關病人的權利及保障護士不至於鑄下嚴重的大錯。

保證人生成功的一些準則

我們的人生也是這樣。妳如果要成功，便得學會實行某些準

則。妳必須克己自制才能順從這些準則而無疑。妳必須把這些準則合併在妳的性格裡，成為妳人生行動的指南。這樣妳就不會自己遲疑辯駁說：「我應當說實話，還是要扯一個謊？」妳既然以誠實無欺為人生主要準則，就必須隨時隨地說實話，毫不猶疑，也不怕後果。如果要妳的人生成功快樂，就必須完全採納這幾條準則——誠實、心思潔淨、言語和愛、態度樂觀。

據說，傑克遜將軍（Stonewall Jackson，乃美國內戰時南方聯軍名將）曾在風雨之夜走了一里多路去找一個人，向他道歉，因為自己在當天的談話中說錯了一句話。傑克遜將軍的朋友問：「你何必為這麼一件無關重要的小事這麼麻煩不便呢？」傑克遜將軍說：「因為我發現自己說錯了話，我知道若不把這件事情理清，我是睡不著覺的。」

堅持絕對誠實

傑克遜將軍知道自己絕對誠實的名譽對他具有何等的價值。他十分看重名譽，不願因為麻煩與不便而破壞自己良好的紀錄。我十分相信，他在那個風雨之夜去見的朋友，在無論何種環境下一定都會相信傑克遜將軍的誠實，毫不猶豫的信任他，聽了他的話就像是看到他的簽字一樣，一諾千金，一言為定，因為他認識傑克遜將軍的人生準則是絕對信實。

個工程師在計畫建築一座橋樑時，十分注意到萬有引力的自然律。他必須計畫這座橋樑能抵得住地心吸力，保證橋上來往行人車輛的安全。照樣的，在品格的建設上，也當注意許多堅強的勢力，

若不予以抵抗，便會發生災禍，其中之一便是歪曲真理或欺詐不實。因此我們必須以誠實為人生堅定不移的指南針，才可建立堅強的品格。

當妳受試探想要說謊時，應當立即停止，好像開車到十字路口見了紅燈一定要停止一樣。即使是說客氣話，也應當不容有任何虛偽的成分在內。

我們說話要誠實，在行動上也應當誠實，才能使人生成功。有一則故事說：一位年輕人到銀行領取現金，他交了一張500美元的支票給銀行的出納員。出納員查對了簽名後，便把現款兌給他。這位青年收過錢後查點一下，不料在所收的鈔票中竟意外的多出了100美元，支票上寫的是500，但他卻收了600美元。

出納員還不知道自己數錯了錢，這位年輕人拿著錢準備走出銀行。當他走向門口時，心想：「我真是好運氣！這不是我的錯，但我卻憑空多得了100美元。」他隨即想到這100美元的意外之財，可做許多的用處，他有很多的東西要買。但在他的腳剛要跨出門時，他的良心覺悟了。

這位年輕人一直以誠實為人生行動的準則，這時響應了良心的感召，立刻走回到出納員的窗口，告訴他剛才多收了100美元，現在將原款退回。出納員略有難為情，然後十分感謝的收回了多付的100美元。

這位年輕人誠實無欺的行動，使他良心無愧，心裡平安，這報償已很足夠了；後來那家銀行的經理想找一個司機，曾對那位出納員說：「你能給我介紹一位司機嗎？我要一個有禮貌、和氣待人，

尤其是誠實可靠的人。」這位出納員毫不猶疑的立刻提起了這個誠實退款的年輕人，並把事情原委告訴了經理，這位年輕人從此獲得了一份好職業。

凡事公平正直

人生成功的另一準則是凡事公平正直。這和誠實很有關係，一個人如果誠實無欺，他也會凡事公平正直。這條準則不但要妳在行動上誠實，也要妳在對別人的行動上誠實。妳因為堅持這條公正的準則，所以在任何運動場合上見到裁判偏心，便會氣憤做不平之鳴。妳如果真能實行公正的準則，就會嚴格指責裁判。裁判判斷不公，妳更不會專顧自己所袒護的一方勝負，對就是對，不對就是不對。這只是一個小小的例子，可以試驗出妳的人生是否奉行公正的準則。當妳或妳的朋友有利時，妳主張公正很容易；如果是妳或妳的朋友處於失利時，那就很難說了。不過，真實學會公正的準則，良心就會叫妳不得不主張正義，不管哪一方得利都是一樣。

妳對堅持公正準則的師長或年長的朋友，十分敬重。如果有一個老師向來公正管教學生，妳就會信任他，並相信同學們得到他的管教是公正的。事實上，如果妳犯了過錯，也很樂意接受公正的處罰。

一個成功的基督徒生活，不但主張自己應得公正的待遇，還得有責任幫助別人也得到公正的待遇。如果妳的朋友蘇珊不善於保障自己的福利，經常吃虧，妳就有責任挺身而出，仗義執言，幫助她得到正義。只要妳是站在正義的立場，堅持公平，妳的干涉當然是

理直氣壯，無人怨妳。一旦妳有了堅持正義、愛打不平的好名聲，妳就會處於有利的地位，並在朋輩之間發揮力量。

心思潔淨言語無過

　　成功人生的規律還有一條，那就是心思潔淨，言語無過。大多年輕女子都不贊成「不正經」的對話，對談說色情故事的人大家都遠避之。這種反應很好，它可以幫助妳維持高尚的婦德。

　　在人類傳統觀念上，我們的媽媽、姊妹、愛人、女兒，都是被認為應有美名及高尚標準。我們往往用女性來代表那些高尚及純潔的事。因此，一個年輕女子如果談吐粗濁、發表邪穢的思想，那便是立即自置於下流之疇，不配列於應當常被人稱讚的地位。

　　汙穢的談話有兩種不幸的影響。第一，年輕女子如果加入汙穢的談話，便是自貶身分，為朋輩所不齒。那些標準高尚的婦女更不屑與之交遊，免得自己也被人視為道德下流。一個年輕女子如果談話不正經，她在男子的心目中也會被看得很輕。男子會把她的談話看作是她思想及品格的線索，女子若被列為品格軟弱之流，實在是一樁很嚴重的事，因為那些文雅高尚的青年男子從此不願與她交往，只有一般存心不正的狂蜂浪蝶之輩愛來與她親近了。

　　汙穢談話中的第二種影響，是在於說話者本身。不潔的思想及淫邪的言語，會使一個年輕女子自貶身分。她會失去自尊心，不圖上進，不盼望高尚的成就。不正經的思想及談話，乃是不正經行動的基礎，這實在是非常嚴重的情形。《聖經》上說：「他心怎樣思量，他為人就是怎樣。」又說：「濫交是敗壞善行。」

避免說人壞話

　　還有一條人生成功的準則，就是避免說人壞話。不管說的是閒話、聊天或是新聞，只要是有關別人名譽的不好的話，都當避口不提，養成隱惡揚善的態度。年輕女子的名譽是她最寶貴的資產。在前面我們已經提過，女子的名譽如何將決定她所交的朋友是如何。她若有標準高尚及和藹可親的好名譽，就可以隨心意交到好朋友。如果她的名譽有玷，交遊範圍便受相當的限制。因此在閒談時，千萬小心莫說別人的壞話，以免破壞她人的名譽，劫奪了她與人交友的權利。

　　也許妳會說：「我們所談的如果是實實在在的事，那是對的。」不，這是不對的！縱使妳說的是實話，也是會傷人的。如果一個人犯了錯處，基督徒的本分是幫助他勝過這個錯處，而不是使他感到更慚愧，因為「我所做的錯事這麼多的人都知道了。」

　　有些年輕女子常有一種「彼此相輕」的作風。這種彼此仇視的原因何在，倒也很難找出。也許是由於嫉妒而來。有些年輕女子喜歡說別人的閒話，不管實在不實在，似乎是有意糟蹋別人的名譽。我想她在閒談下，心中或會不知不覺的想到，「如果我能使大家看不起妮娜，她們就會更看得起我，因為我比她好得多了。」

　　閒話傳來傳去，往往會被人加油加醋的添上好些新的話。妳且試選好一段閒話，傳出去不到幾個鐘頭，便會走樣，與原來的故事有很大的不同。有時說得越離奇，傳得也越快速。

　　愛說閒話的風氣好像已深入人性中，誰也無法勸大家停止此項惡習。但無論如何，我們應當引導自己的注意力，使之納於正軌才是。

應當顧全別人名譽

當妳聽到破壞他人名譽的話，應當小心不可再傳出去。這些話也許是謠言，極可能是不正確的。妳若把一件別人不是事實的事，尤其不是客氣恭維的話，順口傳了出去，那就不幸極了。縱使那閒話是確實的，只要是有傷別人名譽，妳就不應該傳揚出去，以免有傷厚道。如果妳所聽到的話似乎非常緊要，自覺應盡些責任，就當去見當事人，把閒話告訴她。這種做法與《聖經》上的教訓相合。把妳所聽見的閒話告訴當事人，妳也許會幫助她度過這個難關。

閒話的另一害處是會害及開始說閒話的人。我認識一位年輕女子，她住在大學的宿舍。她有很多好的品德，可是也有一個重大的過失：愛說別人的壞話。她在校不到一年的時間，已飽嘗失盡友誼之苦。當學年開始之初，大家奉她為領袖，到了學年終了，她已經大失眾望，有了「多嘴婆」的惡名聲。

比如妳受人閒話的攻擊，或妳發現自己成了不實謠言的犧牲者，請問妳當抱何種態度呢？是否要人發雷霆，立時申斥那些閒話是無稽的謊話呢？

如何應付謠言

我承認當妳發覺自己被人亂說閒話時，似乎有理由生氣反抗。然而我要勸妳，生氣無濟於事。有人說，對付閒話的妙訣，就是靜默不言。否認閒話，未必能改變別人的意見。事實勝於強辯，止謗莫善於修德。如果妳的生活言行一致，人們就會相信那些與妳向來的紀錄相符的事。如果妳一直生活謹慎，合乎高尚標準，留心不做任何傷及別人的事，那些無情的謠言自然無傷日月，不會給妳嚴重

的傷害。萬一妳覺得孤弱無助，不能處理這種冤枉的情勢，最好去找一位年長的老師商量，向他請教。如果那謠言毫無根據，妳不用焦急。但如果真有其事，妳最好是謹言慎行，修身立德，把產生謠言的基礎徹底改正過來。

何時妳覺得愛說別人的話，就當說那些讚美的好話，而不要說批評的刻薄話。妳說好話，不會給人家批評；若說不好的話，縱使是好朋友，她也會生氣，這是人之常情，不足為怪。

養成留心觀察好事的美德，可以使妳樂觀、愉快。年輕人應當凡事樂觀。妳應當培養這種態度，視為品格資產。法國的思想家及著作家蒙田（Mootaigne）說：「世上最快樂的事，就是快樂的思想；偉大的人生藝術，就是盡量多有快樂的思想。」蘇格蘭的詩人及小說家羅伯特・路易斯・史蒂文森（Robert Louis Stevenson）勸人說：「將你的憂懼存在自己的心中，把你的勇氣傳給別人。」

樂觀是會感染的。別人見到妳精神百倍，開朗地應付人生難題，必學妳的榜樣，人生也就會更美滿了。世上令人灰心的事太多了，所幸人為萬物之靈，可以管理自己的態度。因此，我們為什麼不注意光明的一面呢？它會使妳覺得更好，也會使別人像妳一樣。妳樂觀的精神更會幫助妳勝過難關的。

最後，我想最好從《聖經》上抄一段使徒保羅的勸勉來做為本章的結束。「弟兄（姊妹）們，我還有未盡的話；凡是真實的，可敬的、公義的、清潔的、可愛的、有美名的，若有什麼德行，若有什麼稱讚，這些事你們都要思念。」（腓立比書4:8）

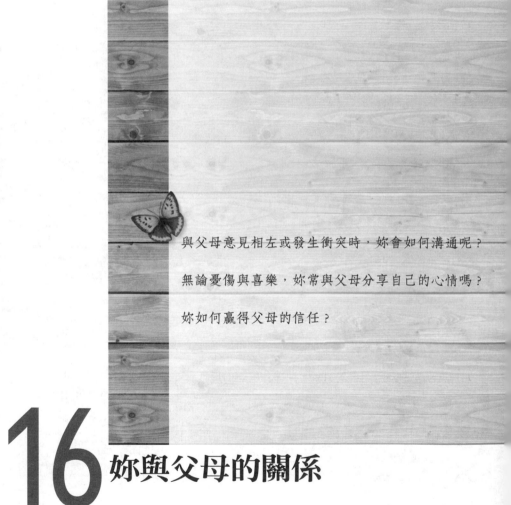

與父母意見相左或發生衝突時，妳會如何溝通呢？

無論憂傷與喜樂，妳常與父母分享自己的心情嗎？

妳如何贏得父母的信任？

16 妳與父母的關係

for Teenage Girls

妳 在少女時期的最大問題是認識自己。如果對自己的感覺及反應有相當的了解，就不會使妳感覺惶恐不安，以免在這些重要的年頭裡不快樂。本書的內容，多半是要幫助妳認識自己，以便調整自己的生活，獲得真正的福樂。

在學會了認識自己之後，最大的難題就是設法認識妳的父母。少女時期的來臨，使妳與父母之間有了新的關係。這種新的關係，要妳自己做新的調整，也要妳父母對妳做新的調整。在幼年時期，妳凡事依靠父母，需要他們的照顧、保護及引導。在襁褓時期，妳對外面的世界幾乎完全不認識，一切都要父母來為妳張羅。有危險，他們會警告妳；有需要，他們會供應妳；他們也代替妳決定各種大事，等到妳成長到進入小學讀書，開始慢慢明白一些周圍的世界，可是對於學校或家庭以外的許多事情，妳還是不必自己負責。

妳已聽說，人類的文明有賴於家庭的組織。有了家庭才有社會；有了社會才組成國家。

妳也觀察過宗教團體對國家的福利也有重大的關係。國家的標準多半是由教會的宗教標準而來。如果再進一步分析，又可看出教會的標準是由家庭的標準而來；教會標準的高下成敗，純視組成教會的家庭標準而定。家庭之對於教會及國家能有重大的關係者，乃因為在家庭中個人的關係極為密切；父母能向兒女灌輸他們的理想及觀念，使兒女在離家自立之後能愉快的生活。父母的責任就是要模鑄兒女的人生，幫助他們日後生活美滿幸福。當父母的人應當給兒女奠定人生初步的基礎。

父母可以給妳賢明的指導

父母比妳年長，飽經人情世故，觀察悲歡離合的經過，明白成敗利鈍的因果。因此，他們可以本著經驗給妳賢明的指導，幫助妳盡量避免不幸傷心的遭遇。

父母明白自己的責任，要幫助妳了解人生及防患失足，妳真是一個幸運的少女。父母愛妳無所不至，這種愛不是妳現在所能完全明白的。妳在許多方面已感覺到父母的愛，可是只有到了妳成家生兒育女時，妳才會完全明白父母怎樣愛護妳。

在一般正常快樂的家庭裡，父母重視兒女勝過一切。兒女生活順適美滿，父母就會覺得安慰，他們齊家教子的努力已得豐富的報酬。如果兒女行為乖張，舉措無方，生活困頓，父母就會感受極大的痛苦。

孩童時的妳，對父母的權威沒有什麼疑問。妳在模模糊糊中承認自己的福利有賴順從父母的命令。固然，有時妳也會固執，要照己意而行；然而妳雖是一個小孩子，卻也知道違反父母的心意往往會招至麻煩。

不喜歡被約束的叛逆期

現在到了少女時期，妳對父母的態度多少有了改變。妳雖然還是敬重他們，知道他們十分關心妳；但是妳到了這個年齡，喜歡有機會照應自己。妳覺得自己的判斷和父母一樣好，妳的理解力已經發展到覺得自己可以料想事情的地步。人生是動人的，妳希望有機會可以隨心所欲。妳歡迎各種證明妳將要成人的證據，妳有了相當

的自信心，因此對家庭的管教頗生異議，甚至不耐煩，極想脫離父母的照顧，喜歡出入自由及隨心自行計畫。

少年時期的幾個年頭正是一個交代的時期。妳剛踏進這個時期，自己還是一個小孩子；等到度過了這個階段，妳已成人。在孩童時期，凡事仰賴於父母；一旦成人，便要對自己的選擇和行為負起責任了。在這個轉變期，妳的決斷和行動的責任，由父母交到妳身上。因為有了這種責任的移交，所以我們稱這個時期為「交代的時期」。

交代的時期

這裡所謂的「交代」，是漸次的移交，不是突然的改變。換言之，妳的長大不是一朝一夕之功，也沒有什麼規定的日子，說是到了這一天妳便是大人了。雖然在法律上有所規定，說妳到了某個生日便是法定成人，但這並不是說，妳在那個生日之前一天還是小孩子，而到了那個生日之後一日，妳便完全是大人了。其實，所謂法定年齡，只是表明妳已度過或剛要度過這個交代的時期，由小孩子的身分變成大人的身分，從此負起大人的責任罷了！

在這個交代時期，妳與父母之間的關係很難應付。父母當然是歡喜見到妳踏進成人的階段，他們不願妳永遠是小孩子。他們見到妳日有長進，賢明決斷，善處己事，會十分高興，引以為豪。他們知道妳經過了少女時期，必須自己開始負起面對人生的責任。父母明白不能永遠保護妳遠離這殘酷世界的冷暖炎涼及罪惡禍害，但他們也認清妳所渴望的新自由，不應該太匆促的就給了妳。

妳的善於處事和做聰明的決斷，這種本事不僅和妳的歲數大有關係。因為這並非說妳到了十四歲、十六歲或十八歲的生日時，立刻就會「知道怎樣」處理自己的事，而乃因為妳每年長了一歲，經驗增多，本事更大。因此，在少年時期的幾個年頭，也是妳加緊訓練的時期。父母最先給妳負較小的責任，後來逐漸讓你負起較大、較重的責任。

這樣的父母與子女的關係，不禁讓我想起《聖經》上施洗約翰預言基督的一句話：「祂必興旺，我必衰微。」這句話表現出約翰的謙卑精神。他知道自己是耶穌基督的先鋒，是為祂預備道路。他與基督一起經歷一個交代時期，把自己傳道的一切成就都轉移給基督。

同樣的，父母與青少年子女間的關係也是。父母在兒女身上的勢力漸漸減少，同時兒女漸漸取得了管理自己人生的責任。

從父母的管教下逐漸解放

這種從父母管教下逐漸解放的情形，有一個很好的比喻可以表明。例如：媽媽有一件很好看的毛線衫。這件毛線衫雖然已有好多年了，但是她很少穿，總共不過兩、三次。妳很喜歡這件毛線衫，顏色與質料都很好，唯不喜歡這種款式。

媽媽的毛線衫因為很少穿，和新的差不多。她見到妳很喜歡，便提議把線衫拆了給妳，由妳隨意編結自己的衣衫。且說妳和媽媽一起坐在客廳，媽媽開始拆線衫，把線頭交給妳。她一邊拆，妳一邊收，把它捲成一個線球。

起先，媽媽拆下了毛線，堆在膝前，等妳接過了線頭，把它捲

成線球時，媽媽膝上的線堆越來越少，妳手上的線球越來越大。最後，全部的線都落在妳手中，媽媽這邊沒有了。

　　這個比喻簡單易懂，媽媽的毛線衫可以代表父母指導妳的行為責任。那件線衫束諸高閣時，代表妳幼年時期，也就是妳的行動受父母的指導時期。等到合適的時候到了，妳可以自行決定事情時（少年時期），父母開始授權給妳，讓妳在一些小事上可以自行決斷。時日既久，授權給妳的責任越大，就像媽媽手中的毛線漸漸轉交給妳一樣。

人生責任的移交需要時間

　　在實際的人生中，這種責任的移交需要時間。在例子中，媽媽並沒有把線衫送給妳就算了事。如果是這樣，這線衫對妳既不合身，又不合妳意。媽媽把線漸漸交給了妳，妳就可以改製成合自己意的線衫。同樣的，父母也是在妳少年時期漸漸授權給妳更大的責任，使妳可以自己選擇，增加經驗，建設自己成長的個性來。

　　從例子中，我們還可以再得到一層意思。如果媽媽拆毛線衫時，妳感到不耐煩，想要快快得到毛線，快得讓媽媽無法應付得了。妳性急之下，把線扯得很緊，使得媽媽拆出來的線變成團成結。如果媽媽拆太快，超過妳捲起來的速度，妳就會有過多的線堆積在地上，混亂成結，以致不能捲成整齊清楚的線球。人生也是這樣。如果少年人太急於想擺脫父母的管教，或父母突然放鬆管教兒女的責任，都會使彼此陷於困難。

父母逐漸解除管教兒女的權力

兒女要脫離父母的管教，必須慢慢來。父母在正常、健全的情形下，漸進的辦法解除管教兒女的權力。在兒女逐漸表現自己的能力，行動聰明以及善於處理那增加給她的責任時，父母就授以更多、更大的責任，直到她到了雙十年華，有足夠的技巧及經驗，完全能夠自己行動時。

也許妳現在已覺得父母太慢了，為什麼不早點或快點信任妳，及早讓妳自己決斷行事。我勸妳，千萬別性急！縱使是父母看起來好像不太樂意把妳自認為能夠處理的責任授給妳。老實說，有很多家庭（包括頗為幸福美滿的家庭在內），在父母移交責任給兒女這件事上，總是免不了有些上下起落的情形，總得慢慢的才會把這件事處理的平順而有規律。

我知道妳對父母這樣性急也是有理由的。因為妳到了這個年紀，妳的意見很會引起人的重視，還有妳所發展的個性也是別有一番風趣；如果有機會把這些新發現的資產運用出去，看一看能夠引動多少人的注意，那該是多麼有趣啊！我曉得妳每次想要急急進行，便會遇到困難，老人家似乎誤會了妳，以為妳愛出風頭，其實妳沒有這個意思。妳所希望的，不過是要和年長的人一起參加那些有趣味及使人心醉的事情。也許在妳看來，年長的人真頑固，有時好像還有點嫉妒妳的成功，而因此態度冷淡，不肯照票面的價值授予妳。

當然，年長的人行動總是比妳遲慢得多。他們的思想及反應，多少已定型，他們一向把妳當作小孩子看待，妳不過最近才達到成

人的地步。妳的精力充沛。妳喜歡改變，妳渴望新的想法及態度。可是年長的人對妳已長大成人的事實，卻是接受得很慢。

表現自己的能力

年長的人這種保守的態度，妳不久之後就會克服，但這不是出於妳要求他們承認，而是由於妳表現出能力，已經會處理青少年人的權利了。

老年人的遲遲讓步及不肯照妳的心意來認同妳，也不完全是他們的過錯。原來妳自己的頭腦也有點作怪！事實上，各種事物並不如妳所看的那麼糟。舉例來說，妳心中急欲老年人的認同，以致做出有些很愚昧的事來。妳且回想最近的經驗，我想妳不會不承認有些事情實在是做得不聰明。妳遇到的困難，正是因為這個原因。妳甚至奇怪自己為什麼會那樣當場發作，事後又後悔，巴不得當時沒有那樣做過。

少女經常遇到的難題中，有一項是穿衣服的問題。她喜歡照自己的想法穿衣服。妳自己心中有意見，想要在某種的場合穿某種衣服，可是媽媽常警告妳，要保守些、端莊些，因此妳有時會覺得媽媽古板守舊。但是，我且請問妳，妳想穿這種稍為新奇、出乎媽媽意料的新裝，究竟有何動機？豈不是想引人注意，或妳以為穿著時髦，會更使人立刻側目嗎？

良好的人格更引人注意

為什麼妳喜歡在公眾場所大嚼口香糖、在臉上塗脂抹粉呢？原

來，妳在不知不覺中已相信這些東西可以使妳被人注意和承認。

我想妳要追求別人的認同，最好的辦法莫如建立特色，表現妳的成就，不必一意孤行使朋友大吃一驚。其實，良好的品格也會吸引人的注意，這比外表衣飾的華麗誘人更可貴許多。

一個正常的少女，與父母之間的歧見，多半是要求隨意出入的自由，不受父母的干涉。父母認為這是不大妥當的事，妳則是十分有自信，認為自己的判斷準確可靠，自己知道應當去哪裡，應當和哪些人交往。妳覺得父母的態度太守舊，感覺他們像是在剝削妳的歡娛。

父母想要妳得到最大的福祉

我們且先想一想，父母為什麼要管教妳的出入自由，動機何在？難道妳真以為他們這種約束是有意讓妳不快樂嗎？妳想，他們要妳這樣勉強行事，他們就會私心竊竊自喜嗎？難道他們是故意要這樣來提醒妳，他們還是妳的「老子」、妳還沒有達到法定年齡嗎？絕對不是的！當他們見到妳的心願受挫，他們並不覺得快樂。他們最高的心意，就是要引導妳的行動，使妳獲得最大的福樂，幫助妳避免許多未來的後悔。

但妳卻說：「我的父母甚至不准我參加他們年輕時經常參加的事情。」妳的爭論也許是對的。可是妳的父母或者已得到經驗教訓，知道這些事對一個少女有害，所以才希望妳改弦易轍，她們要妳免受那些由於閱歷不足而惹來的失望。例如：妳很容易相信那要求妳一起去夜遊的青少年。然而如果妳並不十分熟識這個人，理論

上就不應該相信他。如果他值得妳信任，他便會要妳先得到父母的准許。父母如果認為這是正當且必要的社交活動，當然不會反對妳去參加的。但是如果那青少年嘲笑妳的父母關心妳的福利，就有失檢點了，這樣的人如果輕易信任，而以自己的身譽付諸一擲，那真是太危險了！

判斷力隨經驗修正

也許妳很難明白自己的判斷尚欠完全。妳的行為舉止才到了這個接近成熟的階段。妳現在能夠探測許多妳還是小孩子時所不了解的事實，能夠想清楚是怎麼一回事，更重要的是，能夠下正確的判斷。人的判斷力會隨著經驗而修正。也許沒有人具有完備的判斷力，可是年輕女了若有正常的發展，就會逐年進步，運用更佳的判斷力。

試想，妳在兩年前的樣子。兩年的光陰雖然很久，但我相信妳還會記得那時所發生的事情。好了，妳且回想兩年前自己做過的事情。我也十分相信在妳想起兩年前的許多事時，妳一定會覺得有很多事曾使妳相當難堪。妳喜歡快快略過這些事，認為「我那時還年輕，知道得不那麼清楚。」可是妳還記得妳在兩年前自己的態度怎樣嗎？那時妳並不覺得自己是年幼無知，也不覺悟自己有做錯的危險，等到發生錯誤了，反而顯得十分驚奇。

如果妳在兩年來有了這樣的進步，能看清以前許多難堪的事，那麼再過兩年後，妳回顧今日此時的許多事，豈不是也可能有這同樣的反應？在今後兩年中，妳要繼續增長成熟，正如兩年來的進步

一樣。妳現在的能力，正是妳這個年齡所應表現的，但是妳還沒有達到完全成熟的地步，因此最好的辦法還是妳承認自己的判斷力有限，不要太過自信。

也許妳會說：「我能做什麼呢？難道還要磋砣歲月，坐待成熟？如果那樣，我豈不失去許多人生的樂趣？」絕不是的！我不是提倡妳要磋砣坐待成熟，喪失健全的人生樂趣。我的意思是，妳現在還可以從父母同親情的監護下得到益處。他們的種種努力，目的是要救妳脫離許多的不幸與遺憾，以免破壞妳未來的福樂。

然而妳說：「我的父母不信任我，他們覺得我還是一個小孩子，我的一切行動都必須取得他們的許可。」

應先建立父母的信任

如果妳的父母真的猶豫，不信任妳，那一定是妳過去和現在的生活還不足以使他們相信妳的判斷是健全、可靠的。若是這樣，妳就應當下點功夫，先建立起父母信任妳的心。如果他們是正常的父母，一見到妳表現出值得他們信任的憑據，便會樂於信任妳。妳不要希望他們一開始就授予妳大任，或是讓妳做重大的抉擇。妳應當請他們先信任妳做一些小的決定。如果妳把這些處理得很妥善，他們便看出妳值得加以更多的責任。

為了要取得父母的信任起見，妳在家中的態度要表現出自己對父母的誠心和敬意。他們是妳的導師，妳一生的成就，他們感到無限的光榮，超過妳所能體會的。妳對父母恭敬的行為，可在許多小事上表現出來。比方說，妳想去參加什麼晚會，應當好好的和父母

商量，而不只是開口說：「我今晚要去參加一個派對，珍妮佛邀請我去參加。你們想，我應該答應她嗎？」這種態度無異向父母保證，妳還是尊重、信任他們的判斷。他們會看出妳是正直可愛，使他們可以放心，相信妳是走在人生正道上，可免除許多傷心失望的危險。

　　父母是妳最好的朋友。這樣看待他們，會覺得人生更寶貴。妳應當恭敬他們，這原是他們所應得的；他們也要幫助妳脫離許多的錯誤，以免阻礙妳的進步和成熟。

請分享如何計畫性使用零用錢及壓歲錢的經驗。

妳如何管理每個月的零用錢呢？

當購買的慾望大於擁有的金錢，妳會怎麼做呢？

17 金錢的管理

for Teenage Girls

如果妳是一個典型的少女，對經濟問題一定會覺得很好奇。在此時以前，妳所經手的錢可說是少之又少。從現在開始，妳逐漸可以看出金錢乃是人生的一大要素。妳已發現了處處都需金錢。妳也許已觀察到，錢老是不夠花。妳希望能有更多的錢，可以隨意使用才好。

我相信妳一定已經做過一些夢想，如果手上能有一萬元，該有多好啊！也許妳曾經幻想過，如果有一兩位不知名的親戚遺下一筆財產給妳多好，並且根據此幻想而大做白日夢。這些白日夢果然有趣，可是妳曾注意過妳夢想中的錢財不管是多大的數目，花起來總是很快，就像糖化成糖水一樣不見了？在妳夢想得到一萬元時，總會算一算能買幾套好衣服，再買一件皮大衣，或再買幾樣禮物贈送親友等等，但是妳所花的數目早已超過那一萬元了。

不錯，這只是一個白日夢而已，所以妳也許會對自己說：「一萬元根本就不夠滿足我的欲望，既然是做夢，夢大一點又何妨，就算我有兩萬元好了。」然而在妳提高這個數目到兩萬元之後，這些錢還是從手指縫滑溜一空，仍然有些心願還沒有達到。

求財的欲望永無滿足

縱使妳在白日夢中把幻想的資財提高到百萬元以上，妳還是會感到入不敷出的，想要買的東西太多了，價錢也極可觀。妳在白日夢中雖然儘量提高幻想的金錢數目，但妳的欲望也是漫無限制，永無滿足時。其實這入不敷出的情形，不僅是限於做白日夢而已，在

你每日的生活經驗中也是如此。

　　我想，妳一定以為到了自己年長能夠賺錢時，就有足夠的錢應付自己的需要和心意了。至少妳是會希望如此的。然而，根據我個人的觀察，大多數的人始終無法在應付生活需要之外，綽有餘裕可供揮霍。我認識一些朋友，他們的進項雖大，但在投資和買賣上所花的錢也大。若問起他們的生活經驗如何，就可發覺他們雖然是很有錢，但仍是時感手頭不足，無法應付自己的心願。

　　據我看來，我的各種朋友都是在盡力設法使自己的收支平衡。一般而言，富人也有他們的困難，正如窮人一樣。關於處理經濟這個難題，似乎不是有了較大的收入就可能解決的。

　　我觀察時，見到也有少數的幾個人學會了量入而出的生活。這等人真是幸運。他們既能享受人生之樂，又可有些餘資以充額外的經營。他們並非富人。他們的收入多半只是中等。我曾設法探究他們如何處理經濟，原來他們的祕密似乎只是學會怎樣控制自己的欲望，使之就範於自己的經濟能力之內而已。

賢妻良母應善於處理經濟

　　妳現在是少女，當然希望將來能夠有自己的家庭。也許妳以為經濟的責任，大半是在丈夫的身上，不會落在妳的身上。其實不然；美滿的婚姻有賴雙方的努力合作，在各種責任及福樂上，夫妻共負同等的義務。因此，在妳預備充當賢妻良母時，應該明白妥善處理經濟的各種原則，甚至在少女時期，妳也該了解這些原理。身為少女的妳，見到自己能善於處理自己的事，亦必自感滿足愉快。

妳現在是處於交代的時期。如果妳還住在家中，由父母供應食宿，可不費分文。如果妳離家寄宿學校，妳的費用大半還是由父母支付。雖然妳現在凡事多賴父母的供應，妳還是要學習如何處理金錢。妳現在是踏進成人的門限，需要發展處理金錢的技巧，學會平衡收支的本事。

雖然妳的計畫是將來要當一名主婦，可是命運是多變的，說不準在妳的一生中，也許有些時候是要妳自食其力，全部要靠自己呢！善於處理經濟，這種本事並不是憑空突然而來的。這是從勤於學習怎樣理財，甚至很少的數目，也知妥善處理的結果。雖然妳現在還是用父母的錢，但他們的錢，不論千元或百元，也正像妳自己所賺得的一樣有價值。因此，妳盡可以從現在起就學習做一個好管家的各項原則。

學習理財的本事

可是妳說：「我現有的錢這麼少，要怎樣學會理財呢？」我們將在後面的文章裡提到怎樣找打工，使妳自己可以賺點錢的問題。在這裡，我認為妳現在還是受父母的供應。我相信妳如果表現自己是值得信託，妳的父母一定會樂意把小量的錢交給妳去處理。他們之所以猶豫讓妳處理金錢，唯一的原因是害怕妳花錢不會像他們那樣小心。

為妳個人獲得處理經濟經驗起見，我提議妳先挑幾件個人的需要來下手，縝密估計當用多少錢來應付這幾項需要，然後請求父母把應付這些需要的錢，按月交託給妳，由妳去處理。比方說，以衣

著而論，因為這是最容易的開始。起初妳不必希望負責購買全部的衣服，但妳不妨要求父母讓妳自己購買學校的制服。

在負起這個責任之前，妳先留心研究校服的價錢，以及在過去一年內的需要是多少。有了這個計算之後，妳就可以預料到在今後一年中的需要是多少，然後可向父母請求把這筆錢交託給妳，並同意在這一年中不再要求另外加錢去買校服。如果妳糊塗的把這筆錢胡亂花掉，那麼妳這一年只好穿破舊的校服，無法添加新衣服。

妳一旦有了這個辦法，許多有趣的事也就開始了。許多時候，妳會想要求父母收回這個處理自己需要的責任，自己樂得清閒。我自己的兒子和女兒就有過這種經驗。忽然負起這種責任的經驗，對妳是很寶貴的，可以幫助妳學會如何處理經濟。因此，一旦妳的父母同意和妳合作，妳就應當堅持到底，貫徹妳的計畫。如果遇到困難，應當仔細分析錯誤的原因，以便不再發生這種錯誤。

學習記帳及計畫消費

妳應當學習記帳，可是不要太複雜，最要緊的是記下日期、金額、用項就夠了。這種記帳看來似乎是一種不必要的麻煩，可是日子一久，妳就可以看出好處了。

當妳惶惑不知如何計畫未來用度時，只要查看過去買東西的紀錄，便可更有把握。這種回顧可使妳曉得自己在過去有哪些地方處理的適當或不適當。妳也可以看出有哪些用度使妳遇到極大的困難。例如：買鞋花的錢太多，就當特別留心照顧鞋子，否則只好把一些還可以穿的舊鞋補好再穿，或是下次改買別種質料特別堅固的

鞋子。

　　到了妳能夠負起購買自己衣服的全部或部分責任後，妳便會對衣物更加愛惜，小心穿用，還會留意所要買物品的質料和商標，不久就曉得一分錢一分貨，貪便宜往往會吃大虧等道理。

　　雖然在計畫購買自己的衣物時，妳要花費很多額外的功夫，然而這是很值得的。妳的自信心會增強，妳選購東西的技巧會提高。這等經驗將成為妳日後生活上的一大資產，在主持家計與生活奮鬥時，對妳大有助益。

　　如果妳現在寄宿在學校，就可有更大的機會學習如何處理金錢。我提議妳先算一下父母每個月要花多少錢來維持妳上學，並找出過去已花掉的數目，以便小心預算日後將要花用的數目。有了精確的計算後，可向父母請求把每個月應用的金額交託給妳，由妳自己負起應付學校費用的責任。

　　實行此種計畫，可得很多益處，對用度會更小心。在妳要買一本可以從圖書館借到的書之前，必先想了一想。在選購食品時，妳會小心不買太貴的點心，改買經濟又營養的食物來果腹。如果在宿舍能找到零星的工作，妳一定要利用機會賺錢來應付需要。

　　有一個最好的方法可以幫助妳在處理自己學費方面保持興趣，那就是盡力設法減少自己每個月的費用低於實際的收入。幾個月過後，妳就可以向父母表現妳會節儉及多少有點積蓄，可使他們相信妳理財的本事很有進步，便樂意把更大的責任交託給妳。

　　我們前面所討論的都是由於假定妳的全部或一大部分的生活費用是由父母的供給而來。如果妳的情形真是如此，那就表示父母十

分愛護妳，他們已竭其所能來幫助妳在生活上有一順利的開始，以便妳可以善用一切的機會。雖然如此，但我們要牢牢記住，少年階段是一個交代的時期，在不久的將來，妳就不能再靠父母的資助了。如果妳事前毫無一點賺錢的經驗，一旦忽然要凡事全靠自己，那就很難辦了。因此最好妳在此時不但要學習如何處理金錢，同時也當學習怎樣賺錢及怎樣應付老闆的經驗。

工作賺錢可幫助人生成長

不幸得很，有些少年人以為工作是一件羞恥的事。富家子弟尤其普遍有此態度。事實上，這種「我不工作，因為我無需去工作」的態度，正是說明他是不善於調整人生的人。

凡是正常、健全的少年人，都有一種要求相當獨立的心願。這種要求獨立的心願，若不是善予誘導，往往會使少年人陷入困難之境。滿足這種正常心願的方法就是接受工作。少年人接受零星工作，賺錢來應付自己用度的一部分，便是在人生長遠旅途上接近成熟的地步。

工作的種類對少年人並沒有多大的關係，不像對年長的人那麼緊要。重要的是，妳自己可以賺得多少的錢，並且學會怎樣應付妳的老闆，使他滿意。

看顧小孩子的工作，對一個少女可說是很普通且合意的事情。如果看顧得周到，美名傳聞，很多人家便會樂意僱用她。有些人家除了僱用少女看顧小孩子外，也請她幫忙做點家事，如幫忙洗濯碗碟、清理房屋等，如果老闆覺得滿意，後來就會被人請去擔任管家

的工作。有很多女子都是由看顧小孩子的工作開始，後來慢慢熟練成為管家，得到的酬勞也較多。

現代父母樂於承認兒女的個人權利

當店員或販賣員，也是少女們常可找到的零星工作。此種服務可使她有機會和很多人接觸。這是極好的訓練，可以學習怎樣應付各種人及滿足他們的心意。學習售貨可以使一個女子克服膽怯畏羞的心理，養成溫文有禮、臨機應變的能力。

在幾十年前的老風俗，兒女所賺的錢都會交付給父母。因為父母維持家計很難，以為兒女應當工作來貼補家用。現代人的想法已改變了，認為由兒童變成大人的交代時期，應當慢慢來。大多數的父母承認少年兒女的個人權利，並樂意在兒女能夠妥善處理這些事務之時，從速把這些權利及責任交託給他們。

事實上，妳的父母確實花了很多的錢來維持家計。妳的費用便是他們的一個重大負擔。如果妳以為自己所賺的錢，應歸自己使用，父母的供給還是照樣受之無愧，就有點對父母不公道了。因此，在妳開始賺錢時應當與父母商量，指出哪些費用可由妳的收入來支付。至於完全屬妳私人性質的費用，更當要自掏腰包。如果妳寄宿在學校，最好盡力設法用自己賺的錢來應付各種需要。如果在假期找到工作賺錢，對下一學年的衣著也應自己負責才是。

有賺錢本領可以提高自信心

關於妳應當做多少工作，當然要看父母的經濟情形而定。縱使

妳的家庭收入豐裕，最好妳也找點工作，以便得到經驗，及因自己有賺錢的本領而提高自信心。如果是家境貧困，兄弟姊妹多，家用甚大，就更當負起工作的責任，儘量自食其力，才算公道。同時這也是一種最好的訓練，使人有識事辦物的能力。

少女會問：「對教堂裡的捐獻，訂購校刊，以及各種募款運動等，這些是否都應該花我自己的錢呢？」這個問題的答案要看妳的宗教熱忱的程度，及妳對這些事的責任感如何。我們夫婦向來遵守聖經的教訓，忠心實行十分之一的道理，因此我們也是鼓勵兒女把他們一切收入中抽出十分之一，交給教會奉獻於上帝。他們從小就養成這種習慣，直到少年階段還是照行。為要貫徹這種辦法始終不懈起見，每次一收到錢，應立刻把十分之一抽出，否則可能會有把全部的錢花光，而無法實行預定計畫之虞。根據我個人多年繳納十分之一的經驗來說，實行這種辦法之後，得蒙上帝所賜的福氣極大，遠超過我所捐獻的十分之一的價值。我不但覺得自己能參加教會偉大的佈道事業感到滿意，也以自己能與那些忠心實行聖經教訓而得上帝隆恩厚眷的人相列，引為無上的榮幸。

養成勤儉儲蓄的美德

對於那些有價值的事業，也可應用同樣的原理做甘心樂意的奉獻。年輕人如果想發達順利，自當把所得的福氣與別人共享，這不但可助妳養成慷慨的精神，也可使自己覺得是忠於妳所屬的團體。

關於處理個人錢財方面，還有一個議題是我們應當討論的，那就是儲蓄。我們知道每個人的情形不同，有時一個少女賺了錢就花

光，入不敷出，根本無法儲蓄，這是例外，情有可原。但無論如何，妳應當養成勤儉的美德，實行儲蓄，以備不時之需，否則如果有了一面賺錢一面花光的壞習慣，那麼妳一輩子就永遠不會有存款的日子了。

　　一個人如果說：「我在銀行裡有一些存款。」他的心裡就會感到很大的滿足和快樂。不管是幾千或是幾十萬，不論數目多少，都會使妳得到安心。如果妳能說這樣的話：「我本來可以買一件我所中意的大衣，因為我在銀行的存款夠買它，但後來我想舊大衣還可以穿，倒不如省下這筆錢更好。」妳的感覺一定很愉快，富有自信心。妳能夠說：「如果我要的話，我是可以怎樣怎樣，」這總比妳說：「我想買一件新大衣，只可惜我把上個月所賺的錢都花光了，自己也沒有儲蓄」要快樂得多了。

妳有挑食的習慣嗎？妳曾因為挑食而讓妳生病嗎？

妳使用節食來減重嗎？效果如何？

請分享妳最喜歡的運動，以及運動帶來的好處。

18 個人生活習慣

for Teenage Girls

凱莉，十二歲，初中二年級。她各門功課都名列前茅，父母甚感榮耀，她本人也以班上年紀最小功課最好而自豪。可是，這下半年來，凱莉覺得不大好過。有時候，她一、兩天沒有去上課，各科分數都退步了。

凱莉的導師最早注意到她的退步。雖然媽媽早已注意凱莉最近常生病，和以前不一樣，一直到凱莉的導師有一晚上來家訪談之後，爸媽才開始著急，認為必須設法幫助女兒。

凱莉爸爸的第一個反應是：「我想凱莉應該對功課多下點功夫，我已注意到她最近好像沒有興趣讀書了。」

凱莉的導師說：「凱莉的功課不好，是因為她的身體不好所導致。凱莉近來臉色很差，身體瘦了不少，我看她中午吃飯也吃得很少。她不大喜歡參加各種遊戲，只在一旁觀看，好像沒有精神活力。」

經過導師的訪談後，全家人同意凱莉去見醫生，讓醫生詳細檢查她的身體。導師也說，凱莉去見醫生，這事很緊要，即使是缺課一天也要去。於是，大家商定下禮拜安排一個機會去見醫生。

在導師來訪的隔天晚上，凱莉覺得很疲倦，比平常更早進去睡覺。爸媽還在客廳坐著談話，話題不久就轉到凱莉的健康欠佳上。

爸爸說：「我實在不曉得凱莉的健康欠佳，直到昨天晚上她的導師來提起，我才發覺此事。今天我想了一天，覺得導師說的話很對。她近來好像有點不對勁，我注意到她的神經緊張，比平常更容易焦躁。」

媽媽接著說：「是啊！凱莉最近經常說她頭痛、胸痛、背痛，有時關節痛。我不曉得她到底是怎麼回事。」

　　爸爸問：「妳可曾說過凱莉最近有幾次流鼻血嗎？」

　　「是啊！」媽媽說：「她有過幾次流鼻血，但我以為不必大驚小怪。記得我像凱莉那樣大的時候，也經常流鼻血。」

　　過了一個小時左右，爸媽準備進房休息，媽媽到凱莉的房間看望凱莉，沒想到，凱莉是醒著的！

　　凱莉對媽媽說，她不覺得有自己生病了，卻老是睡不著。她的被單捲來捲去，縐成一團，顯然是輾轉反側，媽媽替她蓋好被子，叫她好好睡覺。

　　凱莉說：「我已經試了一個半鐘頭想睡著，卻始終無法入眠，已經好幾個晚上了，我都要過兩、三個鐘頭才能睡著。」

　　到了預定的時間，凱莉和爸媽一起去見醫生。凱莉因為有爸爸在場，覺得有點難為情，但爸爸說他要去，以確定凱莉有接受徹底的健康檢查。爸爸對媽媽說，他很關心凱莉的健康，希望能和醫生談一談，才更清楚凱莉的困難是什麼。

　　醫生是一個很和氣的人。他好像很明白少年人的問題，如同他明白大人的病一樣。他寫下凱莉的全部症狀，及曾經有過的疾病等，然後問凱莉這次為何事來見他。爸爸媽媽接著凱莉的回話之後，馬上對醫生說凱莉近來感覺很累、失眠、食欲不振、身體各部位疼痛，對學校功課和各種事情都不感興趣。

　　寫好了凱莉的病史，護士帶凱莉到檢查室檢查。醫生診察她的耳朵、眼睛、口腔，聽她的心肺、測量血壓及其他檢查，完成體

檢，隨後又從凱莉的手指尖取了幾滴血液拿去化驗。

檢查完畢，凱莉起身穿衣，同時醫生要到隔壁另一間檢查室檢查另一個病人，但他吩咐凱莉和她的父母留步稍待，等候護士送來的血液化驗報告。

過了一些時候，醫生回來，看過了化驗報告，向他們下斷語說：「凱莉顯然是一個正常、健康的少女。眼前她雖然有點身體不適，但這是許多女孩子在早期少女時所共有的情形，凱莉現在也和她們所經歷的一樣。

「我檢查之後，實在找不出凱莉患有什麼疾病。難得她有這麼好的父母，及早就把她送來做檢查，有時有些少女有這些情形，但後來卻發展成嚴重的疾病。但我十分確信，如果凱莉和我們合作，照我的建議行事，她的健康一定會大有進步。

快速體格發育消耗大量精力

「凱莉現在所遇到的難處，是女子發育成人時期，全身各種精力減低所導致。她在過去幾個月中，身體長高，某些器官也開始發育作用。這等快速的體格發育，需要大量的精力。可是凱莉同時要繼續做學校及家裡的各項事務，像過去幾年一樣，結果精力不足以應付。舉例來說，她現在才十二歲，已就讀初中二年級，這就證明她在學校很用功、很上進。

「我想凱莉在六、七個月前已經開始排經了。單是月經這件事，就需要消耗她額外的精力，然而她還要做其他各種的努力，設法調整自己的生活，與發育成人的新使命相配。這樣一來，或許很

難明白這種調整生活的準備何以會消耗額外的精力。然而人體的結構確實是這樣，在精神思想方面也會消耗大量的精力，正如在肉體活動方面會消耗精力一樣。凱莉本來一方面要照舊進行學校及家中的全部事務，現在再加上額外的工作，調整自己的性格生活，雙重消耗精力，自然不勝負擔。」

醫生後來又提到她的血液化驗報告，顯明是有點貧血。醫生說，這病還不嚴重，如果能善加處理，略施調治即可。醫生解釋說，很多女子在排經之後，常有貧血的情形。治療這類貧血的可靠方法就是服用一定劑量的鐵錠。醫生隨即開了一張藥方，叫凱莉每天服用兩次含有鐵質的藥錠。

很多少女患貧血

醫生又給凱莉一些必須的指導，教她實行促進健康計畫，如飲食的正常習慣、充足的睡眠及休息及戶外運動等。醫生進一步說明生活習慣與身體健康的密切關係，並特別叮囑凱莉要注意生活習慣，讓凱莉感到很驚訝。她一直以為人的健康只要順其自然，不必太注意。現在聽了醫生的指導，說服了她，她明白了身體健康的好壞全賴是否有正常的習慣。凱莉近來的健康欠佳，證明她不大珍惜自己的身體。她立志要實行醫生的囑咐，注意自己的健康。

醫生討論了促進健康的幾種方法後，爸爸請醫生讓他做幾分鐘單獨的談話，凱莉和媽媽便先退出醫生的診療室。

爸爸問醫生：「醫生，我常想，青少年男女有這類的問題，完全是出於幻想而來。請你坦白告訴我，凱莉的病是不是她的腦子在

作怪，或是她真的身體有病。」

由幻想而來的官能症

醫生說：「先生，你說得很對，有很多青少年男女患有由幻想而來的官能症，但對於凱莉的病，我找不出幻想的症狀。她現在正在經歷人一生中的一段難關。她快要成熟為女人，這更需要額外的精力才行。許多像她這樣年紀的青少年都會有些健康不佳的情形。我相信如果她肯合作，實行我所建議的辦法，她的健康必有令人滿意的進步。

「幻想症和官能症，這個題目實在是有趣。患幻想症的青少年，常是對生活不善調整的人。如果一個青少年的父母嚴厲無情，或是他在校不能和同學友善相處，或是朋友不歡迎他，他的健康容易被破壞，並奠下了官能症的基礎。有些幻想上的症狀，是這種不善調整生活的青少年人最易感染，他們以此病為藉口，來掩飾其不善生活的過失，他們常說：『你看，我病了，你們應當原諒我不能負起人生的責任。』但是據我看來，凱莉的個性發展很正常，我不相信她有幻想症的危險。現在最需要的是鼓勵她實行規律的健康生活。」

凱莉的確是個可愛的女孩，她聽從醫生的吩咐，不到兩、三個禮拜，健康大見進步，到了夏天，已完全復原，對生活充滿興趣。在暑假期間，她大多從事戶外活動。爸媽讓她參加夏令營、旅行、游泳等。她的食欲甚佳、睡眠酣熟、精神飽滿、生趣盎然。到了秋天入學，對功課也有了新的樂趣。

幾年後，凱莉回想十二歲時醫生所給的指導，她十分感激，因為醫生在她生命轉機的時候，給了她正確的啟示。

說到這裡，讀者當然有權問：「醫生向凱莉解釋的健康生活祕訣到底是什麼？」這些祕訣非常簡單，妳聽了不免會嫣然失笑說：「這些都是老生常談，我早已知道了。」不錯，這些都是很簡單的原則，但是做與不做，卻和能否維持健康有很大的關係。

在健康生活規律上，首要要注意的是運動，且最好是戶外運動。我們的身體本來就是應當活動的，包括精神活動及體力活動。活動後雖然會讓人覺得疲勞，可是溫和的疲勞並不嚴重，這是由於長久活動而來，表示妳的活動已到了應當停止休息的時候了。

體力與精神活動應保持平衡

人體的構造需要體力與精神雙方的活動保持平衡。單有體力活動是不合適的，應有精神活動來平衡；當然，只有精神活動而無體力活動，也是有害健康。由精神活動過久而來的疲勞，需要很久的時間休息才能復原。在精神活動時，最好有些體力活動來中和，因為體力活動可以增加血液循環，促使各部筋肉健全發展，方便身體組織及血液中的廢物排出體外。因此，最理想的辦法不但是精神活動及體力活動應保持平衡，同時也當有充分的機會讓精神及體力雙方得到休息。

有些少女感到精疲力盡，又不能入眠，最大原因是沒有足夠的運動。她們在校不喜歡參加體育活動。，在家又勤於功課及家務，到了休閒的時候，只參加談話及室內遊戲，沒有操用筋肉。難怪健

康會消退，她們忽略了能解除精神疲勞，刺激血液流通，及促使呼吸深長的體力活動。

充分的體力活動，不但可解除人精神上的疲勞，還會使人生機蓬勃，有勇氣面對人生。她的筋肉發達，走起路來腳步有彈性，挺起胸膛進前，對人生的難題也能樂予週旋。尤其是體力活動乃是一件樂事，學會一兩種技術，能游泳、善打球，都足以使妳感到自豪，並增強自信心，說：「我能在這事上成功，也能在其他更難的事上成功。」

充分睡眠恢復精力

健康生活的規律除了運動外，其次是充分的睡眠。人在睡眠時，精力得到恢復。經過了一夜良好的休息，使體力及精力都新鮮活潑起來，重新得力，足以應付下一天的工作。

青少年晚間輾轉不能入眠，常是因為他們白天的生活作息不調和所致。如果他們白天的生活，體力與精神雙方保持平衡，各事順心，到了晚上應該很快可以睡著，整夜酣眠，第二天醒來，自覺精力充沛。

青少年常犯的毛病多半是睡眠不足。青少年對生活極感興趣，他們所感到心醉神迷的事物很多，因此經常夜以繼日，留連半夜，尚未上床休息，到了次日，又得清早起來。這樣睡晚起早的生活，當然減少了不少的睡眠時間。早睡早起要比遲眠遲起好得多。如果妳實在無法在晚間合理的時候睡覺，那就應當在白天中午或餐後小睡補眠。不過不要睡太久，十五至二十分鐘即可，下午睡太久，容

易昏昏沉沉，沒有精神，晚上還可能會睡不著。至於短短的小睡，會使妳精神煥發，好像早上才起床時一樣。

少年時期是一生的一大難關。為讓自然有充足的時間來恢復妳的體力及精神，妳應當多睡點覺，比普通成人還要多睡一些時候，每夜至少應當睡足八小時。

晚間睡眠不足，白天讀書便沒有精神，這點經驗妳一定有過。睡眠不足，會使人的精神不能集中，過目即忘，很難記憶。如果妳覺得很苦，以為自己若不減少功課就當減少睡眠的話，那麼最好是減少讀書的時間，不可減少睡眠的時間。妳若減少睡眠，縱使多讀書也不會得益；反之，若有充足的睡眠，讀書的時間雖短，也可得到更大的益處。

睡眠不足非但減低人的精神能力，也會減低體力，以致不能抵抗疾病。妳若留心注意，就可看出在失眠疲勞時最易傷風感冒。充足的睡眠可使體力強旺、百病消除。

良好的飲食習慣

健康生活的規律，還有一條是良好的飲食習慣。想要擁有良好的健康，應當注意吃的是什麼東西、吃多少、在什麼時候進食等。

青少年大多知道哪些食品對自己的健康有益，但他們愛照自己的習慣，亂吃愛吃的，沒有實行衛生的道理。例如：知道吃太多糖果有害，也許妳從小就聽過了，然而許多青少年才不管這衛生知識，偏要吃進大量的糖果，不但阻礙消化器官不能採納許多良好有益身體實際需要的食物，而且害及身體上的許多組織，尤其是牙

齒，這是大家都知道的。

　　青少年大多知道有些食物很難消化。這種難消化的食物應該白天吃，晚上吃不消化的食物，胃無法完成消化的工作。睡覺時，胃的活動幾乎停止。吃太飽，想要酣睡一覺，是不可能的。因此，晚飯飽餐了不易消化的食物，如果不是消化工作不完全，便是睡得不安寧，因為胃還要繼續工作！

食物的挑選與分量

　　我們挑選食物不應隨嗜好而定。許多人愛吃一些東西對身體無益的食物。在妳挑選食物時，應以有益營養為主，不要單憑口味來吃。有時不妨挨餓一下，好讓食欲振作起來。

　　關於食物的分量問題，一般少女有吃得太少的危險。她們太敏感了，以為吃多了會發胖。不過有些女子是理當實行節食，因為已經太胖的關係。一般少女並沒有太胖，所以儘量不必太過於憂慮。如果真的要減重，最好由醫生來決定及處理較妥當。

　　有位少女一定要節食減重，其實她的體重正常，並不太胖，長得勻稱動人，她自作聰明，自己定下了減重的辦法。一個月又一個月過去了，節食的結果，她的身體果然餓瘦了，但生機活力也跟著沒了。從此經常多病，弱不禁風，毫無從前活潑的精神，等到她覺悟節食是虐待身體，以致瘦弱無精神，雖然立即恢復充足的飲食，可是也要經過好幾個月，才能逐漸恢復以前的健康。

進食的時間

　　關於進食的時間，每日三餐仍是很適合的制度，可是為了健

康，晚餐最好比早午兩餐吃得更少些。早餐吃得飽，晚餐吃得少，這是現行可取的辦法，能夠避免過胖。有人不吃早餐、午餐又吃得少，到了晚餐便大吃一頓，這種辦法是最壞的。

一般青少年對健康生活的規律所犯下的最大錯誤，也許是吃零食這個壞習慣。這個壞習慣可能引致許多惡果，如所吃的零食多半是甜食類，容易使人失去胃口，對真正有營養、促進健康的食物反而不想食用。

正餐之間的零食還會破壞消化器官的效用。人體的消化器官繼續不斷的工作，那是不行的。自然主宰的安排是循環的作用，周而復始，胃裡先要把第一餐的食物消化掉，然後才可以進行下一餐的消化。如果常吃零食，讓胃不得休息，結果就要出毛病了。

我們應當盡力保持身體健康，非常重要。妳如果覺得太忙，沒有時間注意自己的健康，那就等於自找麻煩了。人忽視健康生活的規律，必失去舒適、愉快及幸福，這種代價未免太大了。我們實行上述幾條簡單的健康規律，不但可保持身體健康，免除疾病痛苦及損失，也可以使自己的人生更愉快、可貴。

妳覺得信仰在妳生命中扮演何種角色？

妳會因為迎合朋友而離開主嗎？

請分享主如何從挫敗中引導妳得信心的見證。

19 談信仰

for Teenage Girls

每個人都有自己的哲學，那些自稱無宗教信仰的人對人類與宇宙的關係也有自己的想法。無神論的人，不相信有上帝存在，卻以自己的無神論當作是宗教，並以此論點建立個人的哲學觀念。

人到了少年時就開始發覺每個人的哲學觀念不同。他注意到有些人是基督徒，相信上帝是創造萬物之主及基督是人類的救星。他注意到有些人只相信上帝不相信基督。後來他又聽人說起各種宗教，它們的信徒也像基督徒一樣的熱忱。他又覺察到人們對上帝的觀念也大不相同。有些人相信上帝坐在天上的寶座上；有些人相信上帝無所不在。基督徒相信上帝是天父，對待人類至為仁慈；有人則信上帝為專制暴君，說什麼「天地不仁，以萬物為芻狗」的憤慨話。

人到了少年時有了這些觀察後，便開始自問：「我的哲學是什麼？我應當相信什麼？為什麼我要這樣相信？」這些問題都是表明一個人已到了快要獨立思考的程度。

父母的責任

父母應負起兒女幸福和行為的責任，使他們有最好的人生開始。父母不但供應兒女物質生活衣食住等方面的需要，也應當照料兒女情緒及精神上的需要。尤其是後者，父母應當教導兒女最好的人生哲學。

一個孩子到了成年，他自己便對造物主負責如何善用其人生及影響。他必須決定父母的人生哲學是否為自己所採取。到了二十一

歲(美國)法定年齡，他應決定自己投票擁護哪一黨派。父母所擁護的是左傾或右傾或中立的黨派，等到他自己進了選舉的密室，祕密投那神聖一票時，卻得自己決定到底要投誰的票。雖然父母對他有些影響，但他投選票時父母並不在場，所以他的投票乃是負起個人責任的表現。

宗教信仰也是這樣。一個人到了成年時，便須負起責任來決定個人與創造主的關係。此種宗教哲學的選舉，與其個人至關緊要，不但今生幸福繫之，來世永恆的命運也由此決定。

一個在基督教家庭生長的年輕人，久受教化薰陶，自屬無大問題。他有機會觀察父母的日常生活，進而評判其宗教的好壞，如《聖經》所說：「觀果知樹」，他可以決定父母的宗教是否可取。如果這種宗教能在家庭中發揮相愛相助的精神，使家人能互相諒解及寬恕，注意人生優雅的方面，相信上帝眷愛其子民，實行人類同胞手足的義務，及照《聖經》的應許為理想的來生在今世過得勝的生活，那麼他一定要選取這種宗教為其人生的圭臬。在這種家庭中生長的年輕人，其唯一的危險是怕他漸漸離開自己所學的道理，就如自撤藩籬，如車出軌，後患不可收拾了。

丹尼爾的家庭很美滿。他的父母敬畏上帝並照所信的道理行事，甚受鄰里親友敬重。他們對待兒女極為和藹。丹尼爾從小就學會了祈禱，相信上帝的領導。

朋友的影響

丹尼爾是四個孩子中最小的。後來，他覺得自己受了家庭以外

的興趣所吸引，世俗的娛樂一時掩罩了父母所教導的由宗教而來的安寧。他雖然沒有放棄宗教信仰，卻讓各種興趣消耗了自己的光陰與精力。他開始和不同信仰的人交往，並為表示「要好」起見，他漸漸學會了參加他們的牌戲、跳舞及菸酒。父母勸誡他、教會的牧師及兩三位教友也給他忠告。他和氣的接受勸告，但同時自辯：「我現在還年輕，我要看看世界所能給我的是什麼。」他很希望在盡情享受世俗的歡樂後，再來注意宗教方面的事。

後來丹尼爾迷戀上一位家庭背景完全不同的女子。她聰明活潑，博學多才，可是毫無宗教興趣。丹尼爾非常喜歡她，兩人由戀愛而結婚。

第二次世界大戰爆發後，丹尼爾服務於空軍，是駕駛員。作戰數年，出生入死，屢建奇勳，榮譽退役。他服役期間，良心開始不安，雖然他希望恢復以前的宗教經驗，俾得心靈上的平安，但是現在似乎有點走入迷途太遠了，妻子對他的宗教信仰毫不表示贊同，同時他的菸癮頗深，無法自拔。

當此之際，他本應痛悔錯行，回頭正道，求主赦罪，恢復以前的信仰才是，然而他仍戀戀不捨世俗的歡樂，迷醉於世俗的享受。及至戰爭的危險過去了，退役回家後，他又負起養家的責任，生活忙碌，再也沒有勇氣去順從良心的指導行事了。

伊娜的爸爸是工程師，媽媽是護校畢業，現任家庭主婦。這一家是基督徒，有很理想的教養。伊娜的父母都是熱心的教友。爸爸當教會長老，媽媽積極參加教會的慈善服務。家中早晚都有祈禱禮拜。父母對待三個女兒都很好，十分關心她們的靈性福利。

伊娜對宗教從來沒有認真思考過。她自然而然接受父母的宗教，認為這種宗教對她很好。她參加教會學校的各種活動，積極從事教會青年方面的工作。雖然有時她覺得父母太嚴格，並想得到較多的社交自由，可是大多時候，她是順命合作，是個很聽話的女兒。

伊娜十六歲了，她在學校交了一位好朋友。這位朋友的家庭對宗教並不認真，常把疑惑念頭灌輸給伊娜，不斷的說宗教是一件老古董，現代聰明人是不參加宗教活動的。

追求時髦之危險

伊娜的信仰原本就不積極，她到教會原本就只是隨同家人一起前往。現在這位朋友譏笑宗教，很快的影響伊娜對信仰更冷淡。雖然有時她也會良心不安，覺得自己的行為離了正道，但她會狡猾的安慰自己，認為自己比父母之輩更為「前衛」開明。她開始對時髦的奇裝異服、當時的社交活動、流行音樂及其他足以讓自己在世俗標準中能出盡風頭的事物，發生了非常濃厚的興趣。

伊娜的信仰日漸淡薄，已使父母憂心如焚。每當父母勸她要改變態度時，她竟然提醒父母，她已長大成人，應當信仰自由，不可勉強她。

伊娜以令人驚異的想法和述說其新奇的觀念而時常得到某種快慰，但這種快慰是暫時、膚淺的，與她以前所享受的安寧心神無法相比。她沒有完全丟棄在家裡所學的宗教原則，雖然她對信仰繼續冷淡下去，可是她所交的朋友中大半仍是和她的父母信仰相同。

　　後來，伊娜認識一位名叫葛雷的熱心教友。葛雷讚美伊娜的可愛性格，兩人相交後，葛雷發覺伊娜對信仰日漸淡薄，他一直希望伊娜在年齡稍長後會改變這種態度，之後兩人結婚成家了。

　　成家後，葛雷想舉行家庭禮拜的活動，伊娜反對，並堅持以往她向來的行動，表示她對宗教的事並不關心。葛雷雖然不贊成她對宗教的冷淡態度，但因為他愛伊娜，不忍拂逆其意，只好遷就她的現代化心願及追求時髦的想法。

　　兩、三年過去了，他們繼續注意那些外表輕浮的事物。有時他們也很嚴肅的想起自己正在隨波逐流，不知飄向何方，可是他們都沒有勇氣，能夠毅然決然地恢復以往所認為純正的信仰，重新返回教會。

　　後來他們遇到了一場慘事，他們的小孩得了重病過世。這場悲痛的經驗，對他們的影響很大，他們的心碎了，也開始對他們的生活做一番審查。經過了誠心檢討，伊娜終於說：「葛雷，我相信上帝讓這場災難臨到我們家，乃是要我們自己得到益處。我們數年來的生活飄浮無定，不顧上帝的旨意。我現在承認這都是我的過失。我想起了自己十六歲時，在學校宿舍裡不慎交了一個無信仰的同學，我們是密友，我受了她的影響而改變對信仰的態度，與以前在家所信仰的正道相反。我現在覺悟了，我們現在的需要，就是應恢復起我們自己的宗教信仰，重新積極歸主。」

　　他們果然回頭了，揭開了人生新的一頁，與教會建立新的關係，積極參加各種服事活動。從此，令人欣慰的，他們的生活十分美滿快樂，遠勝於以前所過的生活。

父母的信仰態度影響兒女

有些家庭不如前面所提的丹尼爾和伊娜兩人的父母那麼理想。有些家庭在名義上是信教，但父母在生活行為上卻與所信仰的道理相背，讓家中生長的兒女很難建立起個人的信仰。他們見到父母的言行與信仰相反，便自然而然斷定這種宗教是可笑的。

我的朋友狄恩遇到了難題。他的父母是掛名基督徒，自稱是熱心的教友，可是在家裡卻沒有基督徒所應表現的謙恭容讓的美德。

狄恩到了少年時開始選擇和培養自己的人生觀。他一想起宗教的問題，就立刻下了主意說，若一切宗教都像爸爸那樣名實不符，他寧可不要信教。不幸得很，他以為爸爸的粗殘凶暴是因宗教使然。其實，爸爸名為基督徒，卻從來沒有過真基督徒的新生感化。他沒有在生活上照著真理實行，狄恩見不到這些，而有所誤會。

狄恩雖然決定不信教，但為了保持家庭和睦，在外表上他還是順從父母所信的教會，內心裡卻在等候機會，等他可以獨立行動。到了十九歲，他應徵入伍，機會果然到了。

外表上的信仰無益

軍隊的生活激動、興奮，時間過得很快。有好幾次，他遇到致命的危險，卻神蹟似的得救免死，可是這些經驗並沒有使他覺悟到這是仁慈的天父保護他的性命。

戰場生活變動奇速，他在不知不覺中成了戰俘，在集中營過著漫長的歲月。這時他有時間思考了，他漸漸體會到無信仰的生活無法使心靈得到平安與滿足。於是，他在集中營裡做出終身重大的決

定，接受了父母所信的宗教，並立定心意要照道理來生活，不只是掛名而已。

戰後，狄恩回到家，與家人團聚。他非常感謝上帝保留他的生命，能再和父母相會同聚，尤其是感謝上帝使他有了真實的信仰。他對父母提起升學計畫，他預備一生為人類服務。

有些年輕人出身自無宗教的家庭，甚至於連狄恩那樣的宗教觀念也沒有。這種年輕人要自己決定其人生信仰，他只有隨著自己的經驗而行。

梅爾在六個兄弟姊妹中排行第二。父母都不信教。爸爸原本是優良的鐘錶修理匠，後來染上了酒癮，經常醉酒誤事，失去了好職位，最後淪落到次等的鐘錶店。收入減少，家計又大，還要花許多錢買酒，使得家計更無法維持下去。

家境每況愈下，媽媽憂心如焚，便與幾百里外的叔叔和嬸嬸商量。叔叔和嬸嬸雖不富有，卻願意盡力襄助，同意讓梅爾去他們的家生活。

梅爾到叔叔家才十四歲。以前他在公立學校讀書，現在雖然只有十四歲，因家境關係，讓他很認真的思考問題。他很為爸爸難過，本來有很好的收入，可以自豪的高明工匠，如今一貧如洗，難以維持家計。梅爾前思後想了一番，決定他未來的生活必須和爸爸不同。他雖不知如何實行決心，但對這個能夠離開困難的家庭的機會，他一定要設法幫助自己避免和父母所遇到的嚴重難題。

梅爾發覺叔叔家和自己的家大不相同。第一天晚上，大家準備休息時，嬸嬸請他一起參加晚禱。梅爾對此覺得莫名，只覺得叔嬸

是和藹可親的人。他傾聽他們查讀聖經，很不自在的跟著他們跪下祈禱。這對他是一種新的體驗，他從叔叔禱告的聲調上可以聽出叔叔對上帝有完全的信心，信賴祂愛護自己的子民。

梅爾本來不懂宗教的事，看著叔嬸讓他有一種平安喜樂的心情，這是在他父母那裡所沒有的，因此他決定要研究叔嬸家的宗教，想將它運用在自己的人生上。到了秋天開學時，嬸嬸提議他到教會的中學讀書，梅爾同意了。教會中學的所有功課和公立學校相同，只有「聖經」這門課完全不同。梅爾對聖經是門外漢，所以預備起來很吃力，在嬸嬸及同學的幫助下，讓他對宗教更有興趣，宗教好像可以填補他心靈的空虛，讓他覺得生活更有意義。到了春天，學校舉行培靈奮興會時，他大受感動，決志要信上帝，不久便接受了浸禮，參加叔嬸所屬的教會。

將宗教福氣分享給家人

梅爾與叔嬸同住三年，更覺得這個宗教給他正確的人生觀。讓他得到了心靈上的平安與喜樂，並覺得這是和自己的父母、兄弟姊妹之間的糾紛、不安、誤會的生活，相差甚大。他認為自己有責任，應把這良好的宗教福氣分享給家人。因此，中學畢業後，他決定回家過暑假。

爸爸很歡迎他的歸來，並以他的進步為榮。他卻覺得家人還是以世俗的事物為念，兄弟姊妹叱責他的宗教信仰，在他與他們辯駁時，父母也嘲笑他。最後他知道自己無法感動家人接受宗教，他們似乎已養成無法脫離世俗拘束的思想及行動。

　　暑假後，梅爾又回到叔嬸家，在附近找到一份工作，賺錢維持自己的膳宿。因為他的工作很好，不久也能寄些錢回家，幫助父母及家人。

　　兩年之內，他開了一間小店。他對教會仍很熱心，有很多教會的朋友，老少皆有。他的生意很好，這時他僅二十歲左右，同時找到了合意的女子，組織自己的新家庭。

不願自私決心獻身服務

　　一天晚上，梅爾和太太坐在客廳閒談，梅爾提起他們現在的生活有點太自私。他的生意很好，賺不少錢，生活舒適，略有奢侈的享受，比起他的兄弟姊妹照著父母的慣常生活而生活，不知好了多少倍。梅爾認為自己對家人負有道義上的債務，這種債務不是金錢可彌補的。他覺得只有獻身服務，幫助別人認識宗教的需要，才可清償此債。

　　妻子也有同感。他們當夜討論後，決定把店務出讓，到大學讀書，預備將來做傳道人。他們做此決定須要勇氣，至於如何實行這項決定，自需更大的勇氣。

　　許多朋友指明他們將要遇到的許多困難。但他們毅然實行，並堅決相信上帝過去曾引導他們，以後也一定會引導他們。

真實信仰的報償

　　梅爾照著計畫將商店出讓後，秋天便進大學去讀書。他比同班同學年齡較長，讀書格外用功。在校四年進步很快，畢業後被某地

大教會聘為助理牧師。夫婦兩人熱心教務，積極領導青年宗教活動，服務貧病同胞，參加佈道工作。

梅爾初做傳道半年，哥哥曾來看他。現在兩弟兄完全不同了。哥哥沒有宗教信仰穩定人生，他照著爸爸的榜樣為人，尋求世俗的快樂，奔波追逐，了無寧日，有時得著一些紅塵之歡，有時感到灰心絕望，他已養成幾種惡習，頭腦不清，前途黯淡，希望渺茫。

梅爾夫婦則相反，他們滿懷勇氣的面對前途，信賴上帝的引導，生活比以前當小商人時更滿意。他們擔任傳道工作後，雖然在物質上不怎樣富足，可是從服務別人，在精神上得到豐厚的報償，許多的滿足。

在辭別之前，哥哥對梅爾說：「老二，你雖然沒有錢財，生活卻非常快樂，勝過任何人，真叫我感到莫名其妙。你沒有旅行，你不識明星，你不知跳舞，卻有些意外的平安快樂，我希望自己也能得。」梅爾聽了說：「大哥，這就是一個人從宗教信仰上所能得的好處啊！」

父母信仰不同對兒女影響很大

有些年輕人選擇個人信仰時，常會因為父母的不同信仰感到複雜煩惱。珍妮的媽媽是一個很熱心的教友，爸爸是無信仰的律師。珍妮到了少年必須決定宗教時，她覺得自己無法討好父母，因此在這種情形下，她就像其他許多同樣情形的年輕人一樣，且把這件事按不，等到將來再決定。

這種延遲的決定，實際上就是等於反對信仰一樣。在應該決定

的時候不決定，時機一逝即不可復得。珍妮決定暫不信教後，養成了許多習慣，交結許多朋友，使她一步一步更趨向世俗，後來再也沒有機會決定信教了。

我的朋友傑森就不同了，傑森的家庭背景跟珍妮很像，但傑森有勇氣決定信仰。爸爸說沒有功夫信教，但傑森還是下定決心，雖然他還很年輕，他相信了媽媽的宗教。爸爸嘲笑他，以為這樣可以澆熄他的信心。不料，傑森因為爸爸的嘲笑反而更熱心，看重宗教，相信仁慈的天父一定會幫助他勝過各種難題和困苦。

當我在大學初次遇到傑森時，我問他父母的信仰怎樣，他說：「媽媽和我都是教友，爸爸不信道。我們現在一直為他祈禱，希望不久他也會參加教會。」

傑森在校年年進步，我經常見到他。後來我很高興聽到他常勸導爸爸信道，頗有成績。第一年暑假，傑森銷售宗教書報得了獎學金。第二年暑假，他在爸爸的公司幫忙。第三年暑假，他在一家建築事務所打工。年復一年，他向爸爸表明自己能夠忠心守道，而且工作順利，生活愉快。

最後一次我聽到傑森說，他的爸爸雖然尚未加入教會，但對於宗教日漸感興趣。他見到自己兒子的實行道理，表現其個人難題均得妥善解決，心中大受感動。

真正的信仰並非根據感情而來

年輕人喜歡說：「我不想信教。反正我不要做惡人，我天生不是感情容易衝動的人。」真正的信仰並非根據感情而來。它只是使

人認識自己的可憐無助的真實狀況，並全心相信聖經上的諸般應許，仰賴上主必能援救，助其度過真基督徒的生活。

有時上帝讓年輕人經歷一些驚心動魄的事情，目的是要他覺悟，感覺需要上帝的幫助。前文所提伊娜與丹尼爾的經驗就是如此。下文所提到的戴爾，他的情形也是如此。

戴爾不是不信宗教，只是沒有功夫相信而已。他對機械、汽車、摩托車等，甚感興趣。他生性大膽，喜愛冒險。朋友都勸告他不要太大膽，應小心為是，但他不怕危險，常以能為人之所不敢為而感到刺激之樂。

某日，一位同學借用了他的單車。這位同學思想嚴密，為人小心、可靠，熱心宗教，品學兼優，甚蒙大家器重。這天，他騎用戴爾的單車，在路上因為要避一輛車，竟與路旁大樹相撞，被拋頗遠，當重場傷殞命。

這場意外慘禍竟使戴爾的人生完全轉變，他覺悟這是上帝給他特別的警告。他常自問：「為什麼上帝保留了我的性命，而讓這位熱心的好朋友死了？」最後他所得到的結論是，這位朋友已經預備好可以過世了，而他還沒有，所以上帝留下他的性命是有特別的用意。

無私服務可得更大的喜樂滿足

戴爾的人生有很大的翻轉，他的生命從此有了新的一頁，他獻身給上帝。他奉獻身心精力於無私的服務，從此得到更大的喜樂與滿足，勝過以前由冒險刺激的動作中所得到的。

年輕人往往由於幫助別人尋求人生正道，而自己也更認識宗教

信仰。在彼此互助上，給予幫助者與被幫助者雙方都得到了益處。

　　一九四七年，一位年輕女子去舊金山參加青年歸主運動大會。聚會時，她覺悟到自己應當把信仰介紹給別人，幫助別人也認識真理。因此她立志每天花些功夫去幫助那些靈性上需要鼓勵的人們。她祈求上帝幫助她知道如何實行這種志願。她覺得應當先從住在當地城市東邊的叔叔開始，將他列為勸導的對象。這位叔叔是沒有宗教信仰的，並且他還常常表現出不屑於宗教的態度。因此她向上帝祈禱說：「主啊！請不要一開始就交給我這件大難事。」然而她的心卻一直受聖靈所感動，說她的叔叔需要她的幫助。

　　因此，當她抵達舊金山市時，她寫信給叔叔，報告她在此次大會所得到的感動，並勸他要信基督，可以過更快樂的生活。她沒有收到回信，但她在回家後，便去見她的叔叔。叔叔年齡五十開外，已經退休養老。他有抽菸飲酒的習慣，還有其他的惡習，他認為自己無法信教。但姪女很和氣的和他交談，並請他去參加本城即將舉行的佈道大會。叔叔在表面上雖禮貌地答應了她，但他內心卻很不願意，因為他不覺得自己需要宗教。

　　這位年輕女子每晚都帶她叔叔去參加佈道會。在前兩、三個晚上，叔叔實在不感興趣，只因姪女的盛情難卻，不得不去。後來傳道人說了一番道理讓他覺得很受感動，從此他便自動前往，並且每次去參加聚會都覺得興致盎然，而非出於姪女的強力要求了。

　　佈道會快結束時，傳道人向還沒有相信耶穌的人發出邀請，要他們決志獻身給上帝。這位年輕女子靠近叔叔，對他耳語說：「叔叔，你知道自己應當做什麼。這正是時候了！你肯和我一起到講臺

前面嗎？」叔叔答應了，他獻上自己的心給上帝。這種悔改的奇蹟，不但改變他的心，也使他革除了多年的惡習。

這種經驗對這位年輕女子本身也有了奇妙的影響。她引導叔叔，自己也得到無上的快樂，從此決定獻身上帝，一生從事救靈工作。她改變了原來的思想和學校科系，而預備將來全職擔任服事上帝的工作。後來我聽說她快要畢業了，並答應某大教會的邀請，幫助佈道工作。

宗教信仰不是空談理論

叔叔悔改的經驗，使她也得到新的啟示。宗教信仰對她不再是空談理論了。宗教的偉大感化力，使她在救人的工作上得到了完全的喜樂與滿足。

有一個年輕人叫布魯斯，他把信仰介紹給別人，自己也得到極大的屬靈福氣。布魯斯的父母是很好的基督徒，他到了少年時便選擇基督教為其人生信仰。布魯斯雖然當了教友，可是並不熱心。十七歲時，教堂來了一位新的傳道人，想要開一場佈道大會。他呼籲全體教友一起合力同工進行此事，並特別請布魯斯將自己的信仰介紹給本城別的人，保證他們如果這樣為別人的靈性服務，他們的基督徒經驗一定大有長進。

這位新牧師組織了一個青年唱詩班，並要他們每晚積極參加布道會的活動。布魯斯喜歡唱歌，就參加了唱詩班。可是唱詩班的人數太少，所以牧師請每位班員去邀請各自的朋友來參加。

布魯斯在公立學校讀書，學校離家五里路。每次都要坐校車，

所以在車上認識了一些朋友。他聽了這位新牧師組織唱詩班的計畫後，便想要趁此機會領導一些人信主。因此到了下星期一在校車上他便故意坐近一位同學馬修的左邊，和他談起組織唱詩班的事，勸他也去參加，每週兩晚幫忙唱歌。馬修是布魯斯的好朋友，本來不肯參加唱詩班，經布魯斯的一再勸說，終於同意先參觀一次，再決定將來是否參加。

布魯斯聽到馬修肯來參觀，大喜過望，隨即鼓起勇氣勸導同車的另一位朋友艾琴，說馬修已經同意來參觀這新組織的唱詩班一次。

這樣到了次日晚上，當唱詩班聚集練習時，便有馬修和艾琴在場參觀。布魯斯事先先曾和幾位年輕教友提過他今晚要請兩位朋友參加的事，所以他們一見到這兩位新朋友的來臨，大家都一見如故地，予以熱列歡迎。那位領唱者更是非常和氣，親自特別歡迎他們。

這兩位年輕人後來承認，本來他們無意參加教會唱詩班，因為各位朋友及領袖的友誼歡迎，使他們不忍拒絕盛意，終於答應下次再來參加。經過了兩次的練習後，他們覺得很是成功，便感到興趣要參加唱詩班了。

經過三、四次的練習後，便在佈道大會第一晚登臺演唱。馬修和艾琴對當晚所聽的道理並不動心，卻很喜歡唱詩班的歌唱及大家和氣的友誼。因此，他們在佈道會進行期中，每晚都來參加。

經過幾次聚會，某晚牧師所講的題目特別感動馬修。從此他每晚來參加的目的已不再只是唱詩，而是對道理產生了興趣。在這期

佈道會尚未結束之前，他已相信自己的人生是不可缺少宗教。因此某日下午他對布魯斯說：「布魯斯，我想要參加你的教會，你覺得怎麼樣？」布魯斯聽了非常歡喜，因為藉著邀請朋友參加唱詩班，而使他接受了道理。他不但和馬修一起去見牧師，提到他朋友這種新的志願，同時也請馬修勸導艾琴，希望他一起來參加教會。

艾琴這時尚未十分決定要做教友，可是布魯斯及馬修都鼓勵他繼續參加佈道會。佈道會結束時，艾琴尚未決定信道，但他歡喜唱詩班，因而繼續參加禮拜的聚會。布魯斯和馬修一直為艾琴祈禱，希望他能看明宗教的需要，早日確定其人生。

某晚，當三個年輕人聚在一起時，艾琴說：「你知道，我近來常想到宗教的問題。我注意到你們的生活美滿快樂。你們沒有不良的習慣，不浪費有用的金錢和光陰，不參加愚蠢的娛樂，我相信你們的生活實是最好的。我不曉得怎樣信教，你們如果肯指導我，我很願意和你們同做教友。」

正確的信仰使人生有價值

此時布魯斯已不再是一個消極的教友。他幫助別人選取正確的人生信仰，自己也得到滿足喜樂，覺得人生更有價值、更有意義。

年輕人如果選取了積極的基督徒經驗為其個人的人生哲學，就可得到許多的益處。例如：基督教有赦罪的道理，可給人極大的助益。一個基督徒做了錯事或犯了罪，聖經指導他如何悔改，如何藉著禱告及信靠救主，將瑕疵過犯清除，從此不再記念以前的缺點，由頭重新做起，使品格日有長進，在此生臨終之日，心靈安泰，了

無遺憾。

　　至於沒有信仰的人，他的經驗就不同了。他做錯了事，這錯事就存在他的記憶中，使他長此引以為憾及恥辱。他既不相信救贖主，因此沒有追求高尚的能力來幫助他勝過人類的弱點。這種人很容易灰心失志，因為他在人生上都是孤軍奮鬥，無依無靠。

　　單說祈禱這回事。基督徒知道如何利用祈禱，來將自己的憂患痛苦向全智仁慈的主申訴。他運用祈禱的特權，來要求上帝幫助他解決自己無法解決的各種難題。在徬徨無定、山窮水盡之際，可求上帝的引導，幫助他做出賢明的抉擇取捨。祈禱可增長基督徒的經驗，他不但向上帝吐訴心願，同時也可傾聽上帝的旨意，明白上帝要他怎樣做。祈禱蒙允的證據，可使人得偉大的安全感勝過世界的金錢及名望所能給予的。

　　如果妳覺得有上帝在妳旁邊，祂已聽了妳的祈禱，關心妳的權利和福址，妳便一無恐懼。一個活潑積極的基督徒經驗，將使妳對前途充滿樂觀及信心。

　　基督徒的前途福利，並非以銀行裡的存款多，產業富，或名望高來決定。基督徒的信心，足以使他看透眼前的各種苦難及失望，而展望到未來的無窮福樂，也就是凡以基督教信仰為其人生圭臬的人所得到的報償。

青少年、兒童培訓最佳裝備書

親子遊戲飆創意

作者：陳忠照
書名：More Than磨練——親子科學遊戲　　定價：NT$200

於5分鐘前　留言　讚　分享

👍 台北教育大學自然科學教育學系熊召弟主任、高明智教授、SDA台灣區會柯茂峰會長、和其他人覺得這真讚。

杜慕恆 牧師 說：這本書非常棒！除了用很活潑的科學實驗方式來驗證聖經裡的道理，還可以讓父母和孩子一起同樂，讓家人、朋友們都可以透過簡單有趣的小遊戲培養彼此的感情。
於3分鐘前　讚

柯恩惠 老師 說：這麼好的書，還能應用在教小朋友的卜課時間，或是夏令營的活動，真是老師們的好幫手呢！請問要如何購買呢？
於2分鐘前　讚

楊偉伶 主任 說：《More Than磨練——親子科學遊戲》在全台灣的**誠品、金石堂和基督教書房**都買得到，或撥打(02)-2752-1322直接和時兆出版社洽詢，感謝大家的熱情支持！
於1分鐘前　讚

陳美如 編輯 說：書裡的活動器材很多都是隨手可得的東西，像保特瓶、易開罐……。我們可以把這些要回收的垃圾做二次利用，除了可以達到親子同樂的效果，還兼顧了作環保、愛地球呢！
於10秒前　讚

More Than 磨練——親子科學遊戲

★以科學遊戲引導孩子認識基督信仰。
★30個科學遊戲，佐以完整操作步驟圖，讓活動進行更清楚明瞭。

　　本書提供中小學階段的孩子，運用身邊周遭器材進行親子科學的遊戲，藉以增進親子溫馨互動，培養科學素養，並激發創意；更進一步能領略造物主的美好旨意。

 時兆出版社出版發行

訂閱專線：(02)2772-6420．2752-1322
傳　　真：(02)2740-1448
郵政劃撥：00129942
戶　　名：基督復臨安息日會時兆雜誌社

時兆免付費客服專線（限台灣地區）
0800-777-798

國家圖書館出版品預行編目資料

寫給少男：那些十七歲前該懂的事 / 謝理雅 (Harold
Shryock)著；時兆出版社編譯. -- 初版. -- 臺北市：時兆,
2012.07
　　　面；　　　公分
譯自：On becoming a woman : a book for teenage girls.
ISBN 978-986-6314-28-5(平裝)

1.青少年 2.兩性教育

544.6　　　　　　　　　　101009103

寫給少女：那些十七歲前該懂的事

On becoming a woman : a book for teenage girls.

作　　者　謝理雅（Harold Shryock ）
譯　　者　時兆出版社編輯部

董 事 長　伍國豪
發 行 人　周英弼
出 版 者　時兆出版社
客服專線　0800-777-798
電　　話　886-2-27726420
傳　　真　886-2-27401448
地　　址　台灣台北市105松山區八德路2段410巷5弄1號2樓
網　　址　http://www.stpa.org
電　　郵　stpa@ms22.hinet.net

責任編輯　周麗娟
文字校對　張秀雲、陳美如
封面設計　時兆設計中心
美術編輯　時兆設計中心
法律顧問　統領法律事務所　TEL. 886-2-23212161
商業書店　總經銷 聯合發行股份有限公司　TEL.886-2-82422081
基督教書房　總經銷　TEL.0800-777-798
網路商店　http://store.pchome.com.tw/stpa

I S B N　978-986-6314-28-5
定　　價　新台幣 NT$190元　港幣 HK$54元　美金US$8元
出版日期　2012年07月　初版1刷

如有需要，可參閱中華民國兒童與少年福利法施行細則
http://gender.stu.edu.tw/p1/11.pdf

時兆讀友回函

謝謝您購買時兆的出版品，希望您看了很滿意。也請費心填寫此回函卡，讓我們可依此提升
服務品質，我們並將不定期寄上最新出版訊息，以饗讀者。

您購買的書名：＿＿＿＿＿＿＿＿＿＿＿＿＿＿＿＿＿＿＿＿＿＿＿＿

姓名：＿＿＿＿＿＿＿＿＿＿　性別：□男 □女

生日：＿＿＿年＿＿＿月＿＿＿日

地址：□□□＿＿＿＿＿＿＿＿＿＿＿＿＿＿＿＿＿＿＿＿＿＿＿＿＿

聯絡電話：＿＿＿＿＿＿＿＿＿＿　傳真：＿＿＿＿＿＿＿＿＿＿＿

若您願意收到時兆不定期的新書資訊或優惠活動，請留下您的E－mail：

＿＿＿＿＿＿＿＿＿＿＿＿＿＿＿＿＿＿＿＿＿＿＿＿＿＿＿＿＿＿＿

學歷：□高中及高中以下 □專科及大學 □研究所以上

職業：□學生　□軍公教 □服務 □金融 □製造 □資訊 □傳播
　　　□自由業 □農漁牧 □家管 □退休 □其他

您覺得本書價格：□偏低 □合理 □偏高

您對本書的整體評價：（請填代號1.非常滿意2.滿意3.普通4.不滿意5.非常不滿意）

書名＿＿＿　內容＿＿＿　封面設計＿＿＿　版面編排＿＿＿紙張質感＿＿＿＿＿＿

您從何處得知本書消息？

□教會 □文字佈道士 □書店（店名：　　　　　）□親友推薦

□網站（站名：　　　　　　）□雜誌（名稱：　　　　　　）

□報紙 □廣播 □電視 □其他：

您通常透過何種方式購書？

□教會　　　□文字佈道士　　□逛書店　　　□網站訂購　　　　□郵局劃撥

□電話訂購　□傳真訂購　　　□團體訂購　　□其他：

您喜歡閱讀哪些類別的書籍？

□宗教：　　□靈修生活 □見證傳記 □讀經研經 □慕道初信 □神學教義

□醫學保健 □心靈勵志 □文學　　 □歷史傳記 □社會人文

□自然科學 □休閒旅遊 □科幻冒險 □理財投資 □行銷企劃

□其他：

對我們的建議：

＿＿＿＿＿＿＿＿＿＿＿＿＿＿＿＿＿＿＿＿＿＿＿＿＿＿＿＿＿＿＿

＿＿＿＿＿＿＿＿＿＿＿＿＿＿＿＿＿＿＿＿＿＿＿＿＿＿＿＿＿＿＿

＿＿＿＿＿＿＿＿＿＿＿＿＿＿＿＿＿＿＿＿＿＿＿＿＿＿＿＿＿＿＿

＿＿＿＿＿＿＿＿＿＿＿＿＿＿＿＿＿＿＿＿＿＿＿＿＿＿＿＿＿＿＿

＊ 請放大影印傳真至本社，傳真熱線：（02）2740-1448

＊ 請上時兆臉書 www.facebook.com/stpa1905 按"讚"參加最新活動，即有機會獲得好禮！

請沿虛線對摺，謝謝！

寫給少女